SELF-DISCIPLINE

DOESN`T MEAN BEING HARSH ON YOURSELF.

最高自律力

養成自律，從來都不靠硬撐

time 剛剛好 —————— 著

法蘭西斯・培根說：「習慣是一種頑強而巨大的力量，它可以主宰人生。」

序言 ｜ PREFACE

　　拖延症不是病，但它的干擾性和負面影響時常讓人感到頭痛。輕則影響計畫實施，浪費時間；重則讓人成為「幻想主義者」，光說不做，失去機遇。拖延症不僅導致人們辦事拖拉、行動低效，還會使其養成懶惰的習慣。

　　曾經我也是一個拖延症患者，做事「三分鐘熱度」，其實我心裡特別清楚拖延症的負面影響，也打心眼裡想要戰勝它。我買了許多相關的書籍，看了許多成功人士的自傳和電影，床頭和書桌上也貼滿了各種勵志語錄，它們中的一部分的確曾讓我充滿鬥志、熱血沸騰。但往往我沒堅持幾天，決心就被現實消耗殆盡了。我一度以為，拖延症是「絕症」，根本不存在有效的治療方法。

　　就在我「屢戰屢敗，屢敗屢戰」的過程中，發現了一件有趣的事情，而它成為我變為自律達人的轉捩點。

　　我的書桌下面擺放著一台舊電腦主機，之前我一直使用它。每次我都會坐在椅子上彎腰按動主機按鈕，等待顯示器螢幕亮起，然後開始一天的工作。

　　但自從我買了筆記型電腦之後，就不再使用它了。可我每到工作時總是不由自主地彎下腰打開原來的舊電腦，除非我集中精力明確地告訴自己是要打開筆記型電腦。一個開啟舊電腦的小小動作經過不斷的重複上升為習慣時，執行就變得順理成章、毫不費力，甚至完全「不過腦子」。

　　這個發現讓我十分驚喜。要知道，我一直以為自己已經意志不堅定到沒有辦法養成任何習慣了，而它讓我開始有意識地尋找自己已經養成的習慣。

　　我發現自己每次吃飯時，都會習慣性地拿一雙筷子和一把勺子，雖然勺子幾乎不會用到；我發現每當自己寫文章在大腦中遣詞造句時，都會習慣性地用嘴輕咬食指指甲……

　　這些習慣自然到如果你不刻意觀察就很難察覺到它們的存在。它們的共同特點就是重複的行動都非常簡單易行，根本不會對我的心理造成任何負擔，完全沒有執行上的抵觸感。

　　我之前對拖延症和意志不堅定的探索，只停留在反抗和戰勝的層面，總想找到一步到位的方法，制定的目標也都複雜且難以實施。這就好比你要求一個成績倒數的學生一下子考滿分一樣，目標和能力完全脫節。這樣的自我改正與救贖是毫無益處的，反而會讓自己在一開始就被過高的目標和繁重的計畫所嚇倒，加重拖延。即便最終自己選擇開始執行，起初的激情和動力也無法維持長久。

　　但如果換個策略，從刻意重複簡單的動作開始，去培養一個好的習慣呢？先將該行動養成習慣，然後再慢慢去提升品質和數量，豈不比直接要求自己完成目標來得更加容易？這樣借助習慣的強大力量，或許我們就能取得難以想像的突破。如果當時的場景能拍成電影片段，我一定要加上個激動人心的背景音樂，暗示觀眾這就是主角即將改寫命運的重要節點。當時的我也沒想到，自己這個簡單到會讓別人笑掉大牙的方法，竟完全改掉困擾我多年的拖延症和做事三分鐘熱度。

　　後來當我看到美國作家凱利‧麥格尼格爾寫的《自控力》一書中對「訓練意志力肌肉」的相關實驗研究時，才知道自己的「靈光乍現」並非毫無依據的個人猜想。

　　那本書裡說：「在一些小事上持續自控會提高整體的意志力。」至此，我更加堅定自己之前制定的策略是對的，接下來的

事情則順利到我不敢想像。在這個新方法面前，我過去在執行和堅持上遇到的所有難題竟然都迎刃而解。我從原來的「空想專家」迅速成長為自律達人，而隨之不斷提高的不僅是我的收入，還有日漸強大的內心。

《最高自律力》是我多年來對習慣和堅持的學習、實踐的經驗總結和方法分享。

在戰勝拖延，養成習慣的路上，必須先分析自己為什麼會拖延，為什麼會放棄。這也是為什麼我會選擇在書中第一章就給大家詳細講解導致我們拖延放棄的八大原因。一方面，我們可以根據自身的情況進行比對，找出導致自身拖延和意志力不堅定的「罪魁禍首」；另一方面，提醒自己不要犯同樣的錯誤。

養成習慣並不是對某個行為進行簡單機械的重複。查爾斯‧都希格在《習慣的力量》中講到了習慣迴路，即暗示—慣常行為—獎賞。

暗示，即尋找一個線索，讓大腦進入某種自動的行為模式，並決定使用哪種習慣。

慣常行為，即行為習慣，可以是身體方面的、思維方面的或情感方面的。

獎賞，即完成該慣常行為後會得到什麼獎勵。獎賞的作用是

讓大腦重視該迴路，養成習慣就是重複該迴路，直到其變為「自動化」的。

很多時候正是因為我們缺乏這方面的知識，導致我們一直粗暴地強迫自己重複某個行為，完全違背了習慣養成的客觀規律，走了彎路。

在本書中，我講解了自主養成好習慣的六大步驟：確定有效的習慣養成目標，觀察刻意行動的執行情況，設置習慣迴路的「開始按鈕」，設計習慣迴路中的回報獎勵，打造適合自己的自律環境以及記錄執行過程中的積累情況。

可以看出，這六個步驟完全遵循了習慣迴路原理，是一套完整的實踐指南，讓你無須再為如何執行習慣養成計畫而迷惘，更不用擔心在執行的過程中會遇到難題。我在書中詳細總結了各種問題的解決方法，更有克服拖延症和「懶癌」的萬能秘訣——「0＋1＋N行動法」。

戰勝拖延症，成為自律達人並非沒有捷徑，我們需要徹底拋棄過去「任務重，目標大，要求多，時間短」的執行法則。用力過猛往往很難走得長遠，換一種全新的模式吧，自律並沒有你想像的那麼難，不妨從小事做起。

　　我是一個很普通的人，這本書有許多我在提高執行力和意志力方面的思考和實踐，也記錄了許多我在探索過程中遭遇失敗的經驗和教訓。

　　在努力的過程中，只有「冷冰冰」的實驗資料是遠遠不夠的，要加上我所分享的「接地氣」的方法技巧，也許它會讓你在自我提升的道路上走得更加輕鬆愉快。

　　當然，本書作為我第一本出版的書籍，並不完美，或許在你看來有著這樣那樣的缺點，但感謝你的選擇、包容和理解。同時，我希望這本書能夠成為你進階路上的夥伴，對你有所幫助和啟發。也希望下一次我能拿出更好的作品，不負大家的選擇與支持。

　　在此，我要感謝出版社的編輯團隊以及所有為這本書辛苦的工作人員，感謝你們對一個新人的包容、信任和支持。

　　感謝我的父親和母親，感謝你們對我無微不至的關愛，感謝你們在我最失落、最無助時給予我無條件的信任與鼓勵。我愛你們，我會繼續努力，成為更好的自己，寫出更好的作品。

　　謝謝！

目錄 | CONTENTS

第一章
**為什麼我們總是間歇性躊躇滿志，
持續性混吃等死** ……………………………………………………… 017

第一節　自律和意志力的關係 ……………………………… 018

第二節　目標過大，讓自己倍感壓力 …………………… 024

第三節　計畫過於繁重，容易透支意志力 …………… 030

第四節　悲觀的墨菲定律 …………………………………… 035

第五節　你需要的不是完美，是精進 …………………… 039

第六節　拒絕「適合主義」，逃離固定思維 ………… 045

第七節　今日事，今日畢 …………………………………… 052

第八節　警惕放縱式獎勵 …………………………………… 056

第九節　如何對待習慣養成的「倦怠期」 …………… 061

第二章

習慣養成的原理是什麼 069

第一節　自律與身體的秘密 070

第二節　習慣是如何形成的 075

第三節　培養一個習慣需要多長時間 081

第三章

為什麼你的意志力總是不夠用 087

第一節　為什麼越自控越失控 088

第二節　意志力耗損的五大因素 091

第三節　學會高品質的放鬆和休息 099

第四節　學會冥想 104

第五節　番茄時間工作法 106

第六節　認真工作，好好生活 110

第七節　為規則鬆綁 116

第八節　讓執行力「步步為營」 121

第九節　堅持「小遊戲」 125

第十節　巧用積極的自我暗示 128

第十一節　正確看待消極情緒 138

第十二節　學會自我觀察 149

第十三節　「0＋1＋N行動法」，攻克懶癌的秘訣 ... 155

第十四節　為什麼要使用「0＋1＋N行動法」........... 161

第四章
從懶癌到自律達人，只需要勇敢地走出 N 步 167

第一節　制定你的習慣養成目標 168

第二節　列印計畫表，觀察你的刻意行動執行情況 ... 180

第三節　用「獎勵暗示」引導自己的行動 190

第四節　如何設置「暗示」獎勵 197

第五節　為自己打造自律的好環境 205

第六節　記錄每天執行的積累情況 214

第七節　習慣養成中的幾大難題及應對 220

第五章

習慣養成的十四大原則

習慣養成的十四大原則 ⋯⋯⋯⋯⋯⋯⋯⋯⋯⋯⋯⋯⋯⋯⋯⋯⋯⋯ 237

第一節　原則一：少即是多，為自己「做減法」⋯⋯ 238

第二節　原則二：制定計畫要「立足當下」⋯⋯⋯⋯ 244

第三節　原則三：制定目標時要遠近結合，主次分明 247

第四節　原則四：創造積極誘因，激勵自己 ⋯⋯⋯⋯ 250

第五節　原則五：不要貪心地制定更多目標 ⋯⋯⋯⋯ 256

第六節　原則六：不要過度調高自己的期待值 ⋯⋯⋯ 258

第七節　原則七：學會疏導情緒 ⋯⋯⋯⋯⋯⋯⋯⋯⋯⋯ 260

第八節　原則八：避開疲勞區，合理配置精力 ⋯⋯⋯ 263

第九節　原則九：「以退為進」，細分目標 ⋯⋯⋯⋯ 267

第十節　原則十：如何用「替換術」戒掉壞習慣 ⋯⋯ 271

第十一節　原則十一：別把努力當成有趣的遊戲 ⋯⋯ 275

第十二節　原則十二：執行中要有儀式感 ⋯⋯⋯⋯⋯ 277

第十三節　原則十三：凡事順其自然 ⋯⋯⋯⋯⋯⋯⋯ 279

第十四節　原則十四：未執行的計畫不告訴身邊人 ⋯ 281

第六章
習慣養成中的五個秘密武器 ———————————— 283

第一節　「四象限法則」幫你分清做事的主次 ………… 284

第二節　製作有效習慣的「打分」表格 ……………… 289

第三節　讓你重獲自信的成功經驗素材庫 …………… 294

第四節　執行過程中的「免死金牌」……………… 298

第五節　計畫執行拼圖 ……………………… 301

第一章

為什麼我們總是
間歇性躊躇滿志，持續性混吃等死

第一節　自律和意志力的關係

　　每當有人問我：「對於個人發展來說，什麼品質是最重要的？」我都會毫不猶豫地回答：「自律！」我想肯定會有人問為什麼。我先為大家簡單地「剖析」一下自律能力的構成要素，大家自然就明白了。

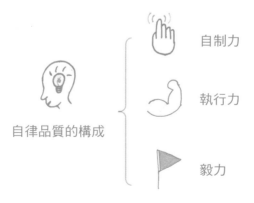

　　自律分為三種：自控力、執行力和毅力。這三種能力並不相互獨立，也沒有嚴格的區分，而是互相滲透，相輔相成的。但在通往執行力、自控力和毅力的道路上，橫亙著三座大山：拖延症、自控力差和做事三分鐘熱度。我們可以將其統稱為「懶癌」。懶得做，懶得自控，懶得堅持。

　　這幾乎是每個人都會中招的頑疾，也是制約著個人發展、能力提升的關鍵障礙。該做的，懶得做；不該做的，控制不了；計畫要做的又堅持不下來；這種窘境，相信大家多多少少都經歷過吧！

　　小時候，無論在家還是在學校，父母老師都會反覆教育我們要自律。長大成人後，我們看到的各種成功學、心靈雞湯、企業家演講，也都將自律奉為人生信條、成功秘訣，並告訴我們，自律能讓我們走向人生巔峰，實現夢想，有人更是喊出了「連自己體重都控制不了的人，拿什麼控制人生」這樣的話！

　　自律的重要性我們都明白，可問題在於，如何才能讓自己變得自律呢？對於這個問題的答案，大多數人都是模糊的，而這恰恰是導致我們在自律養成的道路上異常坎坷的真正原因。僅憑意志力、一腔熱血，或是自我嚴苛的管理，是治不了懶癌、養成不了自律習慣的。

　　自律能力到底是什麼呢？我用一種更為形象的方式來打個比方。

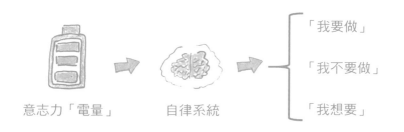

意志力「電量」　　　自律系統　　　「我要做」
「我不要做」
「我想要」

　　每個人身上都有一套「自控系統」，我們可以將其看作一個帶電池的電子設備，要想讓該設備正常運行，前提是要有充足的電量，而意志力就是該系統的電量。自控系統消耗著意志力以維持三大「部門」的正常運轉，即「我要做」「我不要做」「我想要」。美國心理學家凱利·麥格尼格爾曾對其做了生動的解釋。

　　「前額皮質的左邊區域負責『我要做』的力量，它能幫你處理枯燥、困難或充滿壓力的工作。比如，當你想沖個澡的時候，它會讓你繼續待在跑步機上。右邊的區域則控制『我不要』的力量，它能克制你一時的衝動。比如，你開車時沒有看簡訊，而是盯著前方的路面，就是這個區域的功勞。以上兩個區域一同控制你『做什麼』。第三個區域位於前額皮質中間靠下的位置。它會記錄你的目標和欲望，決定你『想要什麼』。這個區域的細胞活

動越劇烈，你採取行動和拒絕誘惑的能力就越強。」

我們可以將自己制定的計畫很好地落實到實踐中，減少失控行為、決定的機率，還能自動養成好習慣，戒掉壞習慣等等。這幾乎是每個人夢寐以求的，能保持這樣狀態的人想不成功都難。

但這也是有條件的，這些都需要以自控系統正常發揮作用為前提。可事實上，大多數人的自控系統經常處於發揮受限甚至發揮失常的狀態。那麼，造成這種情況的原因是什麼呢？答案就是意志力供給不足。

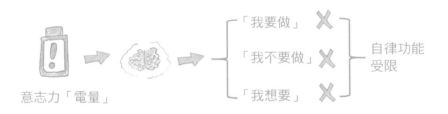

就拿智慧型手機來說，當電量不足時手機就會進入省電模式，這樣除了接打電話以外就什麼都幹不了。如果電量耗盡，平時給你帶來許多歡樂的手機就立刻變成了「板磚」，任憑你如何操作，也沒有一點反應。

自控系統也是如此，正常運轉是要不斷消耗意志力的。當意志力不足時，自控系統就會進入自我保護的狀態，以節省意志力，這就會影響「我要做」「我不要做」「我想要」三大部門的

功能發揮，這時，人的自制力、執行力、毅力就會大幅下降，具體表現為懶得做、懶得思考，甚至進入「不要和我比懶，我都懶得和你比」的狀態。

如果意志力沒有及時得到補充，三大部門就會處於零供給的狀態，甚至可能還會出現「反彈」現象，透過「破罐破摔」、亂發脾氣、沉迷遊戲等自我放縱的行為來麻痺自己，逃避現實，這個時候，自控系統就近乎處於「停電關機」的狀態了。

我要重新做人！
我要好好奮鬥！

「懶癌」復發
床是我的好夥伴！

過去的我，一個月裡總有兩三天是鬥志滿滿、勤奮刻苦的。但除了這兩三天，剩下的二十多天則是重度懶癌患者，強打著精神工作，連思考都感覺沒有力氣，下班後什麼都不想做，能糊弄就糊弄。用網路上現在流行的說法就是「間歇性躊躇滿志，持續性混吃等死」。這個形容真的再貼切不過了。原來我一直以為自己就是這樣的性格，改不了。現在才知道，懶癌也好，意志力差

也罷，其實根本不是頑疾，更不是天生註定的性格或是難改的稟性。只是因為自控系統中意志力供給出現了問題。

如果不從源頭上解決這個問題，再努力的「自救」也是治標不治本。我花費了十多年的時間，試圖治好我的懶癌症候群，可屢戰屢敗。直到一次偶然的嘗試，才讓我找到了方法，終於和長期困擾著我的懶癌再見。

我們知道時間管理、知識管理、人脈管理、情緒管理、形象管理，殊不知，我們的意志力也需要管理。本書正是為了填補這個空白，手把手教大家如何對意志力進行有效管理，及時補給，巧妙使用。我保證，只要認真練習，人人都能變得自律，不再被拖延症、懶癌、三分鐘熱度所拖累折磨。

不信？那就跟隨著我的文字，讀下去吧！

第二節　目標過大，讓自己倍感壓力

　　上一節我們講到每個人身上都有一套自控系統，要想確保該系統正常運轉，前提是意志力供給必須充足，否則就會影響該系統的正常運轉。這時人們就會患上懶癌，懶得執行、懶得自制、懶得堅持。

　　懶癌患者數以萬計，「致病」原因也千奇百怪。我們不妨先將「致病」原因一一剖析清楚。此刻正在閱讀的你也可以自診，只有知道「病根」所在，才能更好地對症下藥！

　　制定目標幾乎是每個人都會去做的事。擁有明確的目標，才會有努力的方向和前進的動力。可就是這樣一件我們常做的事情，也未必每個人都能做好。

在制定目標時，人們很容易心態跑偏，急於求成，將目標制定得過大。也許在紙上寫下目標、規劃未來時，會讓你感到熱情高漲、信心滿滿，彷彿自己已經搞定了一切。但快樂總是短暫的，這一切都會在具體實施時被打回原形。等到真正著手去做時，才猛然發現，現實和目標相差太大了，絲毫看不到希望，擔心自己的努力會白費，加之各種各樣的突發情況、意外事件等不斷打亂自己的節奏，之前賦予希望的目標，現在卻只能帶來壓力，最終只能心有不甘地「繳械投降」，中斷計畫。

在我看來，世界上沒有不上進的人，每個人都知道自己應該努力。之所以有人頹廢麻木、不求上進，是因為他們想透過逃避的方式來減輕自己的壓力，讓自己心裡好受一些。等過段時間，他們又覺得自己不能再這樣懶惰下去，於是又拿出一張白紙，寫下逆襲目標，決定從明天開始發憤圖強，至於結局，還用我劇透嗎？

我們在制定目標時，通常會犯三個錯誤。

第一個錯誤是，我們很容易低估完成一件事情的難度，制定出和現有水平差距過大的目標。

制定目標時，人們通常是在大腦中進行簡單的構想，而這種構想本身就可能缺乏合理性。預想的進展都是在一切順利的前提下，但如此完美的構想在現實生活中的達成率微乎其微。暫且不

說我們很容易在「關鍵時刻出包」，光是外部的不可控因素就已經被我們嚴重低估了。要知道，每天都會有各種各樣的事情發生，影響著我們的計畫，干擾著我們的情緒，左右著我們的發揮。

這種自身盲目樂觀制定的目標，除了能在當時給自己補補血，振奮精神外，別無他用。

第二個錯誤是，我們很容易高估自己的意志力。

人們會本能地低估完成事情的難度和不可控因素，還會對自身的意志力相當自信，尤其在制定目標時。

舉個例子。你現在告訴自己，為了減肥從明天起不吃晚飯。你可以體會一下你現在的感覺。你覺得這並不難，自己是完全可以做到的，因為現在的你並不餓，況且計畫明天才開始，此時的你並不需要做什麼。這下你發現問題出在哪裡了吧？

我們通常是在大腦中評估行動計畫的，而不是透過實踐去衡量堅持某種行動到底有多難。我們從一開始就已經錯了，因為錯誤地使用了「評估人」的身分。而執行計畫是需要身體力行的，但我們卻用假設來評估自己的意志力是否夠用。

當我們想要達成一個目標、滿足一個願望時，我們是處在「不達目的，誓不甘休」的狀態，覺得為了實現目標，自己什麼事情都可以做。這樣一來，我們高估自己的執行力和意志力，就

不奇怪了。

第三個錯誤是，我們制定目標時，會更加關注超出個人能力之外的事情，而對力所能及的事情多有忽略。

如果你在將目標付諸行動時，更多的感受是無力和迷茫，那麼，很有可能是因為你在制定目標時的關注點是錯誤的。

美國管理學大師史蒂芬‧柯維提出了關注圈和影響圈的概念，這能大致判斷一個人是否積極主動。「每個人都有格外關注的問題，比如健康、子女、事業、工作、國債或核戰爭等，這些都可以被歸入『關注圈』，以區別於自己沒有興趣或不願理會的事物。關注圈內的事物，有些可以被掌控，有些則超出個人能力範圍，前者可以被圈成一個較小的『影響圈』。觀察一個人的時間和精力集中於哪個圈，就可以判斷他是否積極主動。積極主動的人專注於『影響圈』，他們專心做自己力所能及的事，他們的能量是積極的，能夠使影響圈不斷擴大。反之，消極被動的人則全神貫注於『關注圈』，緊盯他人弱點、環境問題以及超出個人能力範圍的事不放，結果越來越怨天尤人，一味把自己當作受害者，並不斷為自己的消極行為尋找藉口。」

清華大學教授李稻葵曾經在《開講啦》節目中分享過自己小時候應對校園暴力的經歷。

自己關注，感興趣的

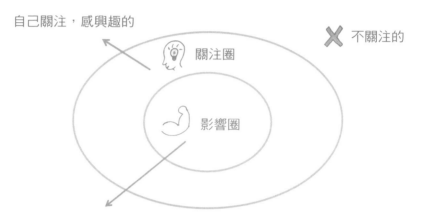

不關注的

自己力所能及的事

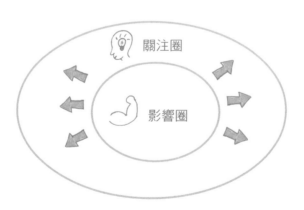

　　李稻葵說，上小學一年級時，第一天上學就在操場上被一個同學給拽掉了褲子，惹得其他同學哈哈大笑，從此經常有同學欺負他。為了不再受欺負，小小年紀的他決定做三件事情。第一件事情是將褲子紮緊，這樣其他同學就不能再輕易拽掉他的褲子了，他將其稱為保住底線。第二件事情是打不贏要先學會跑，每次放學他都會立刻跑出教室。第三件事情是觀察別人怎麼打架。

　　過了一段時間後，因為他經常跑步，身體變強壯了。有一次，又有幾個同學想要欺負他，他在教室裡奮起反抗，狠狠教訓了他們，從此他再也沒有被欺負過。

　　這就是典型的遇到問題後，不去擔憂和試圖改變外界環境，而是從自身的影響圈入手，將問題有效解決的案例。

　　可是，如果李稻葵不這樣做，而是選擇依靠老師來教育那些欺負他的同學或是讓父母給他換所學校呢？效果必定大打折扣。即便這些方法奏效，也未必能將問題真正解決掉，他遲早要重新面對。

　　因此，我們在制定目標時也要這樣。要從個人的影響圈出發，做好力所能及的事情，讓影響圈不斷擴大，而不是寄希望於透過一己之力，去解決自己無法掌控的關注圈中的問題，那樣只能徒增煩惱。

第三節　計畫過於繁重，容易透支意志力

　　網上經常會流傳各大高校學霸的日程表，它們的共同點就是將每天的時間劃分得很細，安排的內容也很滿。

　　其中流傳最廣的就是2011年清華大學特等獎學金得主馬冬晗的日程表了。她的日程表做得十分細緻，對每個小時、每節課都有具體安排。

　　這也引得網友們紛紛膜拜，驚訝於馬冬晗高度的自律，更有人感嘆，這樣的安排簡直比備戰高考還要苦。但也有不少網友受此啟發，以馬冬晗的日程表為範本，給自己制定了一份詳盡的計畫。

　　我的一個讀者就是其中一員。當他將制定的計畫表發給我看時，我被震撼到了。整個計畫表密密麻麻，安排的任務非常多。單從那張表格上，我就能深深體會到他對自我改變和自我提升的那種迫切感。

　　他向我抱怨自己在執行計畫時遇到了兩個很棘手的問題：一是自己精心安排的計畫總是會被各種事情打亂，這嚴重影響了他的執行效率。二是他發現自己堅持不下去，總是堅持兩三天就放棄了。

　　坦白說，他遇到這兩個問題，我一點都不驚訝，反倒覺得很正常。因為過於繁重的計畫容易淪為空想，很難落實到實際行動中。

受到干擾

延遲或取消

真討厭！
總是打亂我的計畫！

　　一是因為缺乏靈活性。網上流傳的學霸計畫表，更多的是在校學生的排程。校園生活是相對規律的，幾點上課，幾點下課，時間都比較固定。作為一名學生，最主要的任務就是學習，需要面臨的突發狀況也相對較少。但步入社會後在職場打拚與在校學

習大不相同，在職場上需要處理的事情多且雜，面臨的不可控因素也多。

　　比如，你給自己制定了一份下班後的充電計畫，分別為學習一小時英語、學習一小時手繪、睡前讀書三十分鐘。可下班後卻有緊急會議要開，等你開完會，回到家已經是十點多了，渾身疲憊，根本沒有精力和心情再去充電學習，制定的計畫只好臨時取消。

　　這種情況對於上班族來說是非常普遍的。計畫安排得越滿，機動性就越差，當出現突發狀況，不僅會影響計畫的順利執行，還會影響人的心情，讓人們總是處於一種被打擾的煩躁和沒有完成任務的自責之中。

只有這樣的計畫表才能
彰顯我的奮鬥決心！

「自律」系統報警中……
　　「我投降」

　　二是過於繁重的計畫會大量消耗人們的意志力。因為意志力的充足供給是自控系統正常運轉的前提條件，計畫越繁重，對

意志力的消耗也就越大。這就好比參加5000公尺長跑比賽，你在跑1000公尺時就全力衝刺，早早地將力氣用完了，剩下的那4000公尺你還有力氣跑嗎？

我從不鼓勵大家制定過於繁重的計畫，在我看來這是有百害而無一利的。我們為目標奮鬥時，往往會加倍努力讓自己盡快獲得成功，這時的我們就會本能地制定更多的計畫和任務，讓自己忙碌起來。

當我們在執行計畫時，就會自動進入一個自控的狀態，督促自己集中注意力思考、克制欲望、抵抗誘惑，而這些都會不斷地消耗我們的能量和意志力。

《自控力》一書作者凱利‧麥格尼格爾認為：「適當的自控也是必需的。但是正如慢性壓力會影響健康一樣，試圖控制所有的思想、情緒和行為也是一劑毒藥，會帶給你過重的生理負擔。」

計畫越繁重，對我們意志力的挑戰也就越大，需要自控的時間越長，帶來的壓力也就越大。這不僅僅是身體上的負擔，還會對自我信念造成打壓，沒有完成就會覺得自己是個不爭氣、意志力不堅定、不能吃苦的廢物，每一次的失敗嘗試，都是一次負面的自我暗示，這對自信心是沉重的打擊。

　　當然了，我並不是說每個人都無法勝任緊急繁重的計畫，這跟自身的自律能力是相關的。很多計畫安排在我們眼中是沉重的負擔，但在那些自律能力超強的「大神」眼裡也許僅僅只是生活的調味品而已。

　　在這上面，我們可不能「鑽牛角尖」，覺得別人能做到的，強迫自己也一定要做到。處處和別人比較，拿別人的標準來衡量自己完全是自找苦吃。我們可以和過去的自己比，透過有技巧的訓練，讓自己變得越來越自律。

第四節　悲觀的墨菲定律

　　我有個朋友想要考研究所，可他卻一直拖著不去報名、複習。我原以為他是拖延症，或是說說而已。偶然一次聊天，他向我道出了實情，原來他是害怕失敗所以才不去備考。

　　我對他說：「你去考的話還是有希望的，可如果不去考的話，那你一定考不上，這樣你只能留在現在的公司，拿著微薄的薪水。」他說：「這個我懂。可如果不去複習參加考試，就等於給自己留了條後路，或者用藉口來形容更合適。這樣，我就可以在心裡安慰自己。覺得如果自己努力的話，也許能夠成功。但如果真的付諸行動失敗了，我就沒有藉口來安慰自己了。那樣，我會感覺更沒有希望，所以，給自己留個念想也好呀。」

　　看到這裡，大家都應該很清楚了，他將考研究所當成了精神支柱。為了保護它，於是他選擇了逃避和拖延。

我一定可以戰勝這個困難！　　　好害怕自己過不去這個坎！
我一定可以成功！　　　　　　　如果我失敗了怎麼辦！
我一定可以通過面試！　　　　　太多人競爭了，我肯定不行！
……　　　　　　　　　　　　　……
願景　　　　　　　　　　　　　真實想法

　　美國心理學家約瑟夫‧墨菲認為：「運用意志力解決問題時，人們習慣於預先假定存在著和願望相違背的情形。」越在意，越害怕失敗，越重視，越容易關注到負能量的那一面。同樣法國心理學家愛彌兒‧庫艾發現的反轉定律也證明，當一個人的想像和他的願望相衝突時，想像力總是能夠佔據主導地位。

　　當我們報名參加一個考試，夜以繼日複習時會想到什麼場景呢？恐怕我們大多數的想法都不是金榜題名、志得意滿，而是付出了努力卻遭遇失敗。

　　我們這樣去想，難道是和自己有仇？當然不是，只是因為越努力，就越在乎，越在乎就越害怕失敗，越害怕就越會想到自己不希望發生的場景。

如果我現在告訴你，此時此刻你不斷地告訴自己不要去想紅色，你會發現，自己越不想想紅色，腦子裡面越會出現紅色。越恐懼什麼，就越容易發生什麼。因此，即便我們的願望是考試成功，但通常我們想到的卻是名落孫山，兩者發生衝突時，想像總能佔據上風。

講到這裡，我突然發現，為什麼人們經常感到事與願違了。我們更重視自己許下的願望，卻從未注意自己的想像和願望是否真的一致。

人們會本能地為了讓自己心裡好受一些，而去拖延行動。這樣，不僅讓壓力得到了紓解，還能自我安慰地說：「如果我努力一點，我也能考上的。」此時，拖延症就成了自我保護與心理慰藉的手段。

除了因為悲觀造成不敢付出行動外，還有一種情況是因為我們在執行過程中急於求成，太在乎事情是否有起色而讓自己陷入焦慮、急躁的狀態。

我們經常會有這樣的經歷。確定一個目標之後，第二天撸起袖子開始奮鬥，努力了幾天後卻發現沒什麼效果，這時候自信心就開始動搖，腦海中會出現自我否定、自我質疑的聲音，還會化身福爾摩斯，尋找能夠證明自己有所進步的蛛絲馬跡，一旦發現

自己的進步不如預期時，立馬就會覺得自己的付出和回報不成正比。

我這麼做會不會成功呢？努力這麼久，如果失敗了怎麼辦？為什麼都努力好幾天了，卻一點變化和效果都沒有呢？這幾天做得一點也不順利，照這樣下去我肯定成功不了……

就這樣，原本信心滿滿，鬥志昂揚的執行行動在這種焦慮、迷茫、不知所措的負面情緒影響下黯然收場。悲觀負面，對結果過分的執著與擔憂，都是典型的「心病」，會導致拖延症、懶癌、做事三分鐘熱度。

這是因為心態出現問題時會導致人們壓力倍增。要知道壓力等消極情緒是意志力的死敵，會造成意志力大量耗損，從而進入自我保護的狀態，自控系統為了能讓自己感覺良好，不得不推遲計畫，甚至放棄執行計畫。

由此可知，我們在日後的自律能力培養過程中，保持良好的心態是一個至關重要的環節。

第五節　你需要的不是完美，是精進

　　每個人都有完美的心態，完美主義者在追求完美方面更是極端。

　　有完美傾向的人總是希望事事都能做得盡善盡美，他們對自身要求嚴格，做事也是高標準，認為要做就要把事情做到最好，否則不如不做，並且他們往往更加關注事物有缺陷的一面。也正因如此，完美主義者容易犯拖延症，做事半途而廢。

　　就拿我來說吧，過去就是典型的完美主義者，這也導致我經常紙上談兵，卻不付諸行動。原因在於我根本接受不了自己在執行過程中的任何瑕疵。

　　例如上大學時我制定了一個讀書計畫，規定自己每週讀完一本書。可事實上我從未堅持讀書超過五天。要嘛因為自己閱讀時

不夠專心致志，要嘛因為在閱讀時手機響起打斷我，也有其他原因導致我沒有完成規定的閱讀量。

 制定讀書計畫

 怎麼讀不進去呢？

 肯定是計畫制定得不完美！

 重新制定讀書計畫

　　總之，每次我都會看到自己執行中的不足，並將其放大到直接否定今天所有的努力。我會覺得這是因為自己制定的讀書計畫不夠完美，所以才導致執行過程中出現種種問題。於是我中止行動，試圖制定更加完美的計畫。

　　就這樣，我進入了一個可怕的循環模式。要嘛一直拖著不行動，總想著設計出一份真正適合我的讀書方案；要嘛就是沒堅持幾天就放棄，總覺得既然這樣還不如不做。

　　可在當時的我看來，我並不是有始無終的人，只是在追求完美而已。我一直覺得總有一天我能制定出一個超級完美的計畫，

使我從一開始就得心應手。這一等就是四年，直到大學畢業我也沒能等到這一天。

有完美情結的人，對自己和他人的要求都很高，他們討厭不完美，他們害怕失敗。為了避免失敗，他們會本能地選擇逃避，守著自己過去的輝煌，不再做新的嘗試。在他們看來，拖延行動是避免失敗的最佳方法。

完美主義者總是將不足放大，他們輕視「有瑕疵的努力」和「漸進式的成長」。如果一件事在執行過程中有做得不好的地方，他們很難自我諒解，還會產生罪惡感，甚至選擇自我放棄，破罐子破摔。原本是為了自律，成為更好的自己，但因為不允許失誤而導致自己陷入更嚴重的放縱之中。

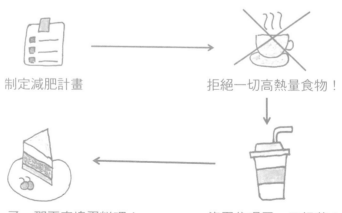

制定減肥計畫

拒絕一切高熱量食物！

「破戒」了，那再來塊蛋糕吧！

沒忍住喝了一口奶茶！

　　生活中這樣的例子比比皆是。捧著手機追劇的你，難道不知道應該放下手機，打開書本學習嗎？

　　你當然知道。事後萬般後悔的你對自己浪費時光的行為十分自責，在心裡一直數落自己，想要用最難聽的話將自己罵醒，牢牢記住這一次不光彩的經歷。

　　可這種強烈的罪惡感並沒有帶來預想的效果，反而讓你的心情更差，更沒有學習的狀態。於是，你繼續賴在床上，捧著手機追劇。

　　我們透過節食來減肥，明明知道自己不該吃奶油蛋糕、撒滿起司的披薩和熱氣騰騰的火鍋，可就是管不住嘴，一旦吃了一點就覺得自己的節食計畫已經宣告失敗。可是，這時的自己並沒有選擇停下，並從此時此刻開始改正，將負面影響降到最低，而是像拿到了「免死金牌」一般，理直氣壯地認為反正今天已經失敗了，不如就此「破戒」，明天重新再開始也不遲。等到第二天又會遇到新的誘惑，又會用類似的藉口來為自己開脫。

　　在這個循環中，完美主義者通常會因為接受不了執行中的失誤而直接宣布計畫失敗，然後在自我沉淪中寄希望於明天更加完美的計畫，等到了明天才發現，自己依舊像原來那樣「不爭氣」，做得不夠好。

　　於是在這樣一次次的循環中，廢棄的計畫表越堆越高，自己

的厭棄感、羞恥感和對未來的恐懼、迷茫、焦慮也與日俱增。本來想著一心追求完美，早日成功，實際上卻讓自己離目標越來越遠。

所謂「黃金無足色，白璧有微瑕」。追求完美，並沒有錯，然而你要明白有瑕疵並不代表失敗。當你做錯事情或是屈服於誘惑時，過多的自責只會讓你產生罪惡感，讓自己做出更出格的事情。

我有一個朋友在一次考試中遲到了，表現失常，致使考試失敗。本來他十分重視這次考試，一直很認真地複習，遲到就是因為他前一天複習得太晚睡過頭了。這次的失利對他打擊很大，他一直無法原諒自己，甚至不敢相信自己竟然會犯如此低級的錯誤。那段時間裡，他情緒低迷，開始酗酒，整個人狀態很差。

遇到挫折時誰也高興不起來，但如果一味地苛責自己，懷疑自己，只會讓你一直處於負面情緒的漩渦中，最終因為過度自我放縱而錯過其他的事。

2010年，加拿大渥太華的卡爾頓大學心理學教授邁克爾·沃爾和他的團隊在該校做了一次針對大學生拖延複習的調查。他們發現了一個有趣的現象，那些原諒自己在第一次複習時拖延的學生，在下次考前複習時的拖延程度減少，那些一直因為自己拖

延複習而嚴格指責自己的學生，反而更可能在下次考試時繼續拖延。這個研究結果讓很多人都感到十分意外。邁克爾・沃爾認為，自我寬恕可以幫助個體減少因為拖延而帶來的負面影響。

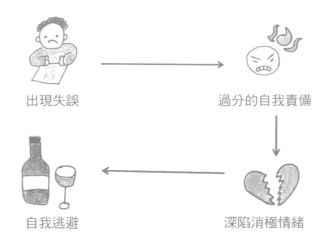

出現失誤　　　　　　　　　過分的自我責備

自我逃避　　　　　　　　　深陷消極情緒

　　我們一直認為只有嚴格要求自己、責備自己才能深刻地認識錯誤，才能真正促使自己醒悟並改正。而自我原諒則會使自己越發放縱，一誤再誤。殊不知，這種想法是錯誤的。透過更多的自我批評給自己營造的罪惡感是瓦解我們意志力的「毒藥」，承認錯誤並原諒自己反而更有助於自我提升。

　　越自責，越容易逃避，越容易走向失控。此時，自我諒解，心平氣和地接受、審視和檢討，才是幫助我們擺脫困擾、重回正軌的良方。

第六節　拒絕「適合主義」，逃離固定思維

我發現，人們經常會將「適合」這個詞掛在嘴邊。

為什麼不行動呢？因為沒有找到適合自己的。為什麼不堅持呢？因為發現這並不適合自己。

我們可以將這類人稱為「適合主義者」。凡事追求適合的人，總是處在尋找的過程中。那麼，他們苦苦尋覓的「適合」到底是什麼呢？

我曾寫過一篇關於婚戀的文章，有讀者看到後主動向我傾訴，我可以感受到，她因為失戀備受折磨，十分痛苦。

我原以為她是因為被男友拋棄而想不開，沒想到是她主動提出分手的。原因是她知道這個男人並不適合她，並不是她命中註定的伴侶。

　　我很費解，問她為什麼。她說：「真正適合的人，各方面都會很合拍，如果是上天註定的感情，會心有靈犀，彼此相愛，感情融洽，不需要付出任何努力就能達到美滿的狀態。」

　　在她看來，她和男友雖然彼此相愛，但他們之間卻總是發生爭吵，種種不和諧的跡象表明，他並不適合她。

　　她的結論讓我很是意外。她竟然覺得如果一段感情需要付出努力去經營的話，那就證明彼此不是「天生一對」！和她聊天，讓我瞭解到「適合主義者」所追求的適合到底是一種怎樣的境界。

什麼是適合？
遇到真正適合自己的，我就像超人一樣，做什麼都如魚得水。

在「適合主義者」看來，所謂的適合，就是一切順遂，不費吹灰之力就能獲得的成功。當遇到問題，經歷挫折和失敗，發現需要付出大量努力時，他們就會覺得這也許並不適合自己。就如同上面我提到的那位讀者，她覺得，如果真正遇到適合自己的人，一切問題將不復存在，他們會「自動」進入一種和諧的狀態，兩人心靈相通，十分默契，不需要溝通、不需要磨合，更不需要為了維護關係而努力。一旦發現不是這樣，她就會對這段關係質疑。

值得注意的是，「適合主義者」並非只在婚戀關係上有如此認知，在其他領域，如學習、職場打拚、能力提升、人際交往等各個方面他們都有同樣的認知。他們認為，所謂的潛力是命中註定，他們尋找的就是那種天生適合自己的，一旦找到，他們就能在這方面輕鬆制勝。

美國心理學家卡羅爾・德韋克認為，人的思維分為固定型思維和成長型思維。「相信自己的才能是一成不變的——也就是固定型的思維模式——會使你急於一遍遍地證明自己的能力……成長型思維模式建立在這樣一種理念上：你的基本能力是可以透過你的努力來培養的。即使人們在先天的才能和資質、興趣或者性情方面有著各種各樣的不同，每個人都可以透過努力和個人經歷來改變和成長。」

　　這是因為兩種思維模式所建立的基本理念是不同的，因而導致它們對天賦、成功、失敗、挑戰、努力的看法也會有所不同。

　　擁有固定型思維的人，覺得能力是天生的、固定不變的，他們更崇尚天賦，認為天賦決定著發展的高度，憑藉天賦做起事情來會十分順利。他們認為成功是需要天賦的，並且還能用來證明自己是聰明和完美的。他們將挑戰看成對自我能力的評估並且十分在意旁人對自己的評價，並因此害怕暴露自己的不足而選擇逃避挑戰。他們認為需要努力意味著自己不夠聰明，遇到挫折意味著失敗，失敗了就覺得自己在這方面沒有天賦，不適合自己，於是乾脆放棄。

　　擁有成長型思維的人，覺得能力並不是一成不變的，而是可以透過學習提升的。他們崇尚努力，認為成功就是進步，進步則需要不斷提升自己，不斷付出努力。他們將挑戰視為進步的機會，認為努力是一件好事，因為努力可以讓自己變得更好，遇到挫折則說明自己還需更加努力或是方法不對。他們願意坦然地面對別人的評價，他們明白這只是別人的看法，並不是對自己能力和未來的宣判。

　　由此可見，「適合主義者」更多的是擁有固定型思維的人。他們所尋找的「適合」無非是自身的天賦和命中註定，或者更準確地說，他們更期待一勞永逸和所向披靡。

　　越來越多的懶癌患者，將「適合」作為自己拖延行動或輕易放棄的理由。當他們遭遇失敗、做事進展緩慢、收效甚微時，就會覺得這個不適合自己或是自己在這方面沒有天賦，他們應該去尋找更適合自己的。在他們眼中，適合自己的一定是做起來事半功倍，輕而易舉就能達到的。你看，他們多天真！

　　心理學將人們對外部世界的認知分為三個區域，它們分別為舒適區、學習區和恐慌區。

　　舒適區，是對自己來說沒有難度的知識、技能，或是習以為常、得心應手的環境、領域和事情，在這種狀態下人們會感到舒

舒適區　　　在這裡，我做什麼都得心應手！

學習區　　　接觸的事情有些陌生，我不太習慣！

恐慌區　　　太難了，感覺要崩潰了！

適，但能夠學習到的新知識少之又少，進步有限，還容易因為缺乏危機感而不思進取，為日後的失敗埋下隱患。

學習區，是對自己來說具有一定挑戰性的知識、技能，或是之前較少接觸、有新鮮感的事物。進入學習區時，會因為離開舒適區而存在不適感。

恐慌區，從字面意思就能理解，進入該區域，人們會感到恐慌、焦慮、擔心，該區域的事物已經超出自己現有能力範圍太多，因此容易讓心理產生潰敗感。

對於個人成長而言，進入學習區是最佳的選擇。能接觸新事物，學習新的知識與技能，讓自己一直進步，而那種不適感也恰好是自己所能承受的。

事實上，一旦你邁出舒適區去學習，去適應新的節奏時，你就會感覺到不適，你會遇到各種各樣的問題，但這並不能說明你不是幹這個的料，或者說這不適合你。只是因為你離開舒適區，你的生理機能對變化產生了一種本能反應而已，堅持下去你就會慢慢適應，並從原本所處的學習區轉化為舒適區。成長就是不斷擴大自己的舒適區，突破自我瓶頸的過程。

當我們明白這個道理後，就能打破我們對挫折與失敗的固有偏見了。其實遇到挫折和失敗，是成長過程中再正常不過的事情

了。它並不是在向你下定義、貼標籤或是預示著你的未來，它只是你成長過程中的一個回饋，提醒你還有進步的空間或是某些地方還需要進行調整。

　　總而言之，在我們進行個人提升，治療懶癌的過程中，一定要小心「適合主義」，不要以此為藉口，拒絕努力，故步自封，更不要對所謂的「適合」有任何不切實際的幻想。成長路上多坎坷，達人也都是一路跌跌撞撞堅持過來的。

　　極少失敗，輕鬆走向人生巔峰，這種情節只存在於小說和影劇中。

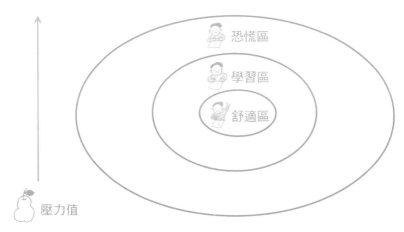

誰處於學習區都會有不適感！
只有離開舒適區，不斷進入學習區才能保持進步！

第七節　今日事，今日畢

古語云：「今日事，今日畢。」父母、老師從小也是這樣教育我們的。不過，不知從何時開始，我們越來越傾向於將事情推到明天去做。

今天要背三十個英語單詞，算了，今天狀態不是很好，明天再背吧！

蛋糕店剛出爐的蛋糕，真香啊，就吃一塊吧，明天再減肥！

今天心情真糟糕，抽根菸解解壓，我保證從明天起就實施戒菸計畫！

昨夜睡得太晚了，今天有點睏，明天再晨跑吧。

‥‥‥‥‥‥

　　看到沒，我們將本該此時此刻去執行的計畫，用各種理由拖延到明天甚至是未來的某一天去做。

　　去年搬家整理雜物時，我發現了自己高中時期的一本日記。本打算看看日記，回憶一下那段青蔥歲月，可沒想到，這本日記更像是一本檢討書和保證書，每篇的主題大意都很相似，先是檢討自己今天是如何頹廢度日的，然後「對燈發誓」從明天開始重新做人，再也不犯過去的那些錯誤了。我從本子的第一頁就開始檢討、發誓，一直到本子的最後一頁，我依舊沒從這個惡性循環中走出來。雖然時間已經過去了十年，但我仍然能體會到當時十七、八歲的自己是多麼沒有自律能力。

　　為什麼我們總是習慣性地在今天放縱自己，然後將希望寄託於明天呢？

　　因為我們會本能地認為明天和今天不一樣，明天的自己會更自律，執行效率會更高，明天也會有更多的時間。在這種想法的影響下，我們就會覺得，既然明天就要開始奮鬥了，今天何不抓緊時間好好放鬆一下呢？

　　我們將今天和明天做了嚴格的劃分，打心眼裡覺得明天和今天不一樣，明天的自己和今天的自己也不一樣。我們打著自己的如意算盤，總以為從明天開始，包括自己在內的一切都能自動進

今天，我什麼都懶得做！　　　　明天，我什麼都能搞定！

今天的時間有24小時！　　　明天的時間有24×N小時！

入一個理想的狀態，各種突發狀況和誘惑也不會再有，過去所有的壞習慣經過一夜之後全部自動歸零，自己會像換了個人一樣，自律果敢，吃苦耐勞。

　　可以看出，我們期待中的明天的自己更像是理想中的自己，以為今日瘋狂過後，明天睡醒起來，就自動完成「變身」，開始閃閃發光的一天。

　　可真相很殘忍，今天和明天並沒有什麼區別，明天的你也不會有質的飛躍。今天你所遇到的問題明天一樣會遇到，今天你所使用的藉口也會在明天繼續為自己開脫。

　　承諾從明天開始好好努力，或是發誓從明天開始補救錯誤、加倍執行，只不過是讓今天的自己更加心安理得地去拖延的藉口而已。

　　總之，在過去十多年的懶癌生涯中，我總結出了一條「至理名言」：寧可相信世上有鬼，也別相信自己發誓明天努力的那張嘴！

第八節　警惕放縱式獎勵

　　之前我制定了一個英語學習計畫，規定自己每天下班後練習三十分鐘的英語聽力。一開始，我覺得自己表現得還不錯，每天都能按時按量地完成任務，就這樣過了近兩個星期後，我又發現了新的問題，我的臉上總是長痘痘，去看醫生後被告知是因為飲食不健康，醫生提醒我不要常吃辛辣油膩的食物。

　　醫生的叮囑也讓我發現了一個在自我提升過程中很容易被忽視的情節，就是以獎勵之名去進行自我放縱。

　　那段時間，我每天完成英語聽力練習後，就會覺得自己今天表現得不錯，隨後在飲食上進行一種自我獎勵。在當時的我看來，下班後還努力學習是多麼上進，理應好好放鬆一下，犒勞犒勞自己。

　　我的口味比較「重」，愛吃辣、愛吃肉，於是我就以獎勵的名義，那幾天幾乎是天天重油重辣，大魚大肉，連吃了兩個星期，臉上長痘痘也就不奇怪了。正是因為這次經歷，讓我開始有意識地回顧過去，發現這並不是我第一次犯這種毛病。

　　早早起床跑步後，會給自己買一大杯奶茶。
　　連續幾天早睡早起，於是週末和朋友喝個通宵。
　　上班被老闆表揚，就決定去聚餐，不再完成晚上的學習計畫。
　　寫兩篇字帖後，又會獎勵自己玩一宿的遊戲⋯⋯

　　每一次的努力，每一次的進步，都成了我懈怠放縱的藉口。這樣的放縱，當時我卻覺得理所應當，這也讓自己在無意識中一次次屈服於誘惑。這樣的做法自然不利於自律的養成，還可能會養成新的壞習慣，完全是前進一小步，倒退兩三步。

| 我要努力！ | 取得進步！ | 好好放鬆！ |

每一次進步，都有可能成為懈怠放縱的理由！

　　大多數人都覺得，取得進步能夠激勵我們收穫更大的成功，可沒想到如果不正確看待進步也會有很大的「副作用」。

　　為什麼努力和進步也很有可能成為自我放鬆的陷阱呢？

　　一是因為，當我們做了自認為「好」的事情時，會自我感覺良好，覺得理應得到補償。意志力正是被這種「自憐」「自我補償」的心理所麻痹，誘惑也就乘虛而入了。像我前面所舉的例子，我當時就有一種自我補償的想法，平時上班那麼辛苦，回來還要學習外語，於是就獎勵自己各種平時愛吃的東西，最終飲食上的不健康讓我生了病。

　　二是因為，我們付出努力時，容易產生滿足感，從而有一種目標已經實現的錯覺，這樣就會更加理直氣壯地尋求其他方面的滿足。說白了，此時我們錯誤地將執行目標的行為當作了目標本身。

　　比如，我想養成早睡早起的好習慣，這是我的真正目標。但為什麼我會在堅持這樣健康的作息兩三天後又去獎勵自己通宵打遊戲呢？說白了，此時的我錯誤地將執行目標的這個行為當成了目標本身。

　　又比如，我看到一篇好文章，馬上收藏起來打算日後好好閱讀，可放進我的最愛就等於打入「冷宮」，我和這一篇文章很有可能「此生不復相見」。雖然收藏文章只是我為了實現好好閱讀這個目標的一個小小努力，但卻給了我一種已經讀完了的錯覺。

　　和前幾種導致人們犯懶拖延的原因不同的是，在這種錯誤認知的影響下，失控與放縱變得不易察覺。很多事情，我們以為是合情合理的獎勵或激勵，卻是實現目標的障礙和日後沉淪的誘因。

　　誠然，學會自我獎勵，在堅持不下去的時候進行適當的自我激勵是很有必要的，但也一定要講究方法，不能盲目地迎合自身的衝動和欲望。不能讓獎勵本身和自己現行的計畫有所衝突。

　　比如，正在減肥的你，因為最近在節食上表現得不錯，於是獎勵自己去吃火鍋，這種獎勵就和目前正在實施的減肥計畫是相衝突的。

　　又比如，我之前經常犯的一個錯誤，本來已經連續好多天完成寫作計畫了，但卻因為在別的方面取得了進步，而獎勵自己今

天不去寫作。當時玩得挺開心，可事後卻百般後悔中斷了寫作計畫，只能從頭再來。

　　獎勵也不能是另一方面的自我放縱。比如，正在戒菸的你，因為有了一點點進步就獎勵自己去喝酒或是衝動消費。

　　除了這兩點以外，還有一點就是正確看待努力與進步。付出努力，獲得進步並不代表目標已經實現了。我們可以為自己的努力和進步感到高興，但卻不能因此而滿足。

　　將目標明確並量化，時刻提醒自己，目標到底是什麼，在這個時候就顯得尤為重要了。

第九節　如何對待習慣養成的「倦怠期」

　　自律的核心其實就是習慣養成，自律是養成一個個好習慣，戒掉一個個壞習慣。那麼，什麼是習慣呢？

　　人的行為方式可以大致分為兩類，分別為定型性行為和非定型性行為。習慣是定型性行為，是將某個行為透過不斷重複的練習上升為相對穩定的、無意識的，甚至是自發的行為方式。

不用提醒　　　　自然而然　　　　不易改變

形成習慣的三個標誌

判斷一個行為是否形成了習慣，有以下三個標準：

1. 不需要使用意志力去刻意提醒和強迫自己。

2. 完成該行為時感覺很自然，沒有情緒上的抵觸或波動。

3. 有不易改變的特點，做起來很容易，不做反而很難，很彆扭。

將一個行為養成習慣的方式就是不斷地重複。這裡的重複不是簡單的重複幾次，或是重複幾天，而是需要一個漫長的過程，需要很長一段時間才能達成的。

過去我在和懶癌殊死搏鬥，立志成為自律達人的那幾年裡，發現在刻意堅持的過程中，還會有一段時間的「倦怠期」。在倦怠期，完成計畫中規定的任務變得相對容易，不用再刻意為之，但所付出的行動卻還未得到明顯的回報或收穫。

要知道在習慣養成的初期，我們的動力更多的是來源於想要實現的目標，因此鬥志滿滿。每一次的刻意執行都對目標有著萬分的期待，可進入「倦怠期」後，雖然完成計畫變得相對自然了，但最初的激情也被消磨得所剩無幾，再加上憧憬的目標還未實現，這個時候，人們會容易變得迷茫、焦慮、自我懷疑。

在這種壓力下，每天完成計畫變得可有可無，人們最終選擇放棄。這幾乎是習慣養成的最後一道障礙了。有好幾次我都是「折」在了「倦怠期」。

　　既然上面我們已經講過當完成某個行為變得不再刻意時，就代表馬上要養成習慣了，可為什麼還是很容易放棄堅持，導致習慣養成失敗呢？

　　第一個原因是我們太看重行動過程中所謂的動力和激情。

　　成功學和心靈雞湯都提倡我們在生活中、工作中激發動力，找回激情。很多企業的晨會都有一個固定的環節就是上司帶領員工喊口號，就是為了給員工鼓勁，帶動士氣。

　　我們在付諸行動的過程中的確很重視所謂的動力和激情，甚至將其和行動直接掛鉤，覺得沒有動力就無法行動，只有一直保有激情才能堅持到最後，沒有激情就不能持續。

　　這不僅是錯誤的認知，更是導致我們做事拖延，三分鐘熱度的主要原因之一。

　　為什麼不行動呢？因為現在的我沒有一點點做事的動力！

　　為什麼輕易就放棄了呢？因為我沒有堅持下去的激情了。

　　由此不難發現，動力和激情並不是一直都有的，也不是穩定不變的，甚至有時「來無影，去無蹤」。

　　你很有可能現在還無精打采、百無聊賴，下一分鐘就因為看了一個勵志短片，又馬上鬥志昂揚、激情滿滿。

　　剛制定好一份奮鬥計畫後，又因為看到前任秀恩愛的照片而百爪撓心、痛苦不已，就像洩了氣的皮球一樣，瞬間又進入「混

吃等死」、黯然神傷的狀態。

　　總有心靈雞湯告訴我們：「不管什麼事，只要認真去做，就沒有辦不到的。」這句話對嗎？我想是對的，因為當我們真心想做某件事的時候，那時的我們的確可以戰勝誘惑將事情完成。可問題在於，大多數時候動力和激情並不是我們想有就能有的。

　　相信大家都曾有過這樣的經歷：總有那麼一段時間，情緒低落到看搞笑段子都無法開心起來，迷茫到看多少勵志短片都不能重拾希望，懶惰到給自己加油鼓勁都有氣無力。

　　有做事的動力與激情，的確能讓你開始行動，可是，如果你將其視為行動的唯一基礎，那麼，你很可能會被它「牽著鼻子走」。有動力時就努力，沒動力時就什麼都不想做，這樣充滿被動的局面絕對不是你想要的結果。

　　我在講解判斷行為是否成為習慣的標準時提到，當養成習慣後，完成該行為時會感覺很自然，缺少情緒上的抵觸或波動，這種狀態甚至可以用無聊、乏味來形容。

　　這就像你特別喜歡某款冰淇淋，一直捨不得買，等終於存夠了錢，第一次吃肯定是最開心的。但當你吃第二次、第三次、第四次呢？隨著次數不斷地增加，愉悅感、新鮮感在不斷地遞減，最終回歸到習以為常的狀態，這時你再看到這款冰淇淋，也就沒有食慾了。

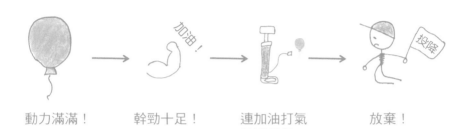

動力滿滿！　　幹勁十足！　　連加油打氣　　放棄！
　　　　　　　　　　　　　都懶得做！

動力會隨著時間的推移而減少，
單純依靠動力無法給執行提供充足的能量！

　　我們在重複的過程中也是如此。剛開始的刻意行動，是因為有明確的目標，動力往往來源於自我提升、自我改變的欲望，隨著一次次重複練習，動力和激情也在一點點減少。當養成習慣之後，再做該行為，情緒表現就漸漸趨於自然。

　　由此可見，在我們刻意重複行動，將某種行為培養成習慣時，慢慢感覺缺少興奮感並不是因為自己變得麻木了，而是該行為漸漸定型的一個信號，是一個正面回饋。我們不必因為自己在執行中感覺無聊、缺乏激情而自我懷疑，因為這是再正常不過的事情了。

　　在「倦怠期」容易選擇放棄的第二個原因是，我們堅持了一段時間後並沒有獲得預期的回報。

尋求回報是人的一種本能，也是做事的動力來源。這種「回報機制」，能夠促使我們將想法轉化為行動，其作用相當於誘餌。缺點就是容易以回報的多少來衡量行動的成敗。

俗話說「功到自然成」，可是，什麼時候代表著功夫下夠了呢？這並沒有一個明確的標準，然而更殘酷的是，有時候努力也未必一定能收穫成功。

如果我們以回報的多少來衡量行動的成敗，很容易陷入患得患失的焦慮狀態，每天腦子裡都是諸如「什麼時候目標才能實現」「怎麼一點效果都沒有」的念頭。越執行，反而越害怕失敗，最終意志力被壓力打敗。

正如前文所說，我們在制定目標時，要確保其在個人的影響圈之內，而不是在關注圈中，我們要讓自己的目標能夠透過個人的切實努力就可以一點點地實現，而不是被各種不可控因素所影響。

就拿跑步來說，目標一是每天堅持跑2000公尺，目標二是在公司的運動會上得第一名。目標一就是在個人的影響圈之內，你可以透過自己的努力一點點實現。但目標二並不在你個人的影響圈之內，即使你再努力，也很可能被各種外界因素所影響。比如，同事曾是長跑運動員，比賽當天你身體不舒服，甚至還有可能你一直跑在第一，但最後摔了一跤。

　　如果關注點不在你的影響圈之內，當你進入「倦怠期」後，可能因為過於在乎回報而想東想西，也可能因為有太多不可控因素而感到力不從心。這些都是你繼續堅持下去的強大阻力。

　　這時，我們可以想一些「小花招」來轉移自己的注意力，讓自己不再過分關注預期的回報。還要學會引導自己從在乎最終的結果轉移到重視做這件事情的意義上。將關注點從成敗轉移到意義本身，這將有助於你用更為平和的心態來繼續堅持下去。

第二章

習慣養成的原理是什麼

第一節　自律與身體的秘密

我們在第一章講到了自控系統。現代醫學證明，人的自控來源於大腦的前額葉皮質，它正好位於額頭和眼睛的後方。

前額葉皮質能控制人的行為、想法、注意力、決策，甚至能影響人的情緒。人類大腦的前額葉皮質是所有物種中佔比最大的。

舉個例子。剛發薪水的你，希望做回「剁手黨」，想要將平時收藏的東西通通加入購物車，可這時前額葉皮質卻發揮了作用，提醒你應該理性消費，將衝動的行為扼殺在「搖籃」裡。

要想更清楚地瞭解前額葉皮質的作用，就不得不提到一個著名的醫學案例。

菲尼亞斯·蓋奇曾是美國一家鐵路公司的員工。25歲那年，

蓋奇和工友們負責用炸藥清理鐵路上堆積的岩石。蓋奇指揮工友們先在岩石上鑽孔，接著把火藥和導火索放到孔中，然後讓工友往石孔裡填滿沙子。

前面進行得十分順利，這時有人和蓋奇說話，蓋奇一邊應答著，一邊拿起一公尺多長的鐵棍插入石孔中搗實沙子。

然而，工友們還沒將沙子放到石孔中，蓋奇的鐵棍一下下敲擊著岩石，擦出的火苗引爆了炸藥，手中的鐵棍刺穿了他的左臉頰從腦部斜飛了出去。

萬幸的是，蓋奇經過兩個多月的治療奇蹟般地活了下來，雖然他左眼受傷失明，但從資料上看，他的身體機能都已恢復正常。

可是，活下來的蓋奇卻性格大變，之前那個安靜、睿智、意志力強、很好相處的人，從此變得粗魯、易怒、專橫、暴力。這次意外事故成了蓋奇一生的轉捩點，也是他人生悲劇的開始。蓋奇在傷癒後回到原來的工廠上班，卻因為性格原因無法再和同事們和平相處，不久，他被勸退。此後，蓋奇的每一份工作都難以長久堅持。直到1861年，他在抽搐中死去。

醫學工作者經過研究後發現，當初穿過蓋奇頭骨的鐵棍，嚴重損傷了他的前額葉皮質。這就不難理解蓋奇為什麼像換了個人一樣。他的前額葉皮質嚴重受損，讓他失去了自控能力，他做什

麼都完全憑著衝動的本能，無法克制自己，因此他才會變得暴躁易怒，不好相處。

　　但大腦中除了負責自控的前額葉皮質以外，還有個區域叫基底神經節，它是大腦葉皮質下一大塊灰質的總稱，位於大腦白質內部。它的作用是儲存感覺資訊，以此來指導運動、學習等。

　　用通俗的話來講就是，人的每一次行為都會被大腦中的神經元所記錄，該行為被不斷地重複後，基底神經節將其存儲並形成模式，重複的次數越多，該模式就越穩定。當某個想法或是外界因素觸發該行為時，基底神經節就會將其自動地、機械地重複「播放」，這就是我們常說的習慣。

　　比如，當我們剛學寫字時，需要思考每一筆每一畫，等到練習一段時間後，就能輕鬆快速、下意識地完成了，這就是基底神經節的功勞，它能識別並重複模式，是一個「習慣大本營」，當它運作時，我們就好像進入了自動運行模式，不需要思考，節省了許多精力。這既有好處，也有壞處。

　　好處在於，如果是好的行為，一旦養成習慣後，我們就不必再刻意為之，完全可以將節省的精力投入其他方面，這樣能提高我們思考和做事的效率；壞處在於，如果是不好的行為養成習慣後，會不易察覺，也較難改變。

　　杜克大學在2006年發布的研究報告表明：人們每天有超過

40%的行為是源於自身的習慣。

　　你是否一直以為自己做出的每個選擇都是經過理性思考後的決定？這還真不是，習慣的力量遠比我們想像的要強大，它在潛移默化中影響著我們的思維和行為。

　　總的來說，前額葉皮質負責自控，運行時需要消耗一定的意志力，它們組成了「自控」系統。基底神經節擅長重複，存儲著後天形成的各種習慣，相對頑固，並且難以改變，在習慣的形成方面和程序化學習上發揮著重要作用。

　　前文講過，自控系統，即前額葉皮質要想正常地發揮作用，就需要有足夠的能量，也就是意志力。

　　我們之所以大多數時候會屈服於誘惑，只是因為它太累了，難以發揮作用，此時，基底神經節「閃亮登場」，直接重複之前你已經習以為常的行為方式。這也是為什麼我們經常刻苦兩三天，然後又被打回原形。

　　習慣養成的核心其實是自律，有目的地去養成好習慣，戒掉壞習慣。而習慣本身並不能被消除，只能被替換。

　　那如何變得自律呢？其核心內容就是學習習慣養成方面的技巧，然後運用到自己的生活中，有目的地去培養一個個好習慣來代替之前的壞習慣。

這個過程既是大腦前額葉皮質和基底神經節的通力合作，也是兩者間的激烈較量。合作在於前額葉皮質透過有意識的重複，向基底神經節發送新的指令，以讓其形成新的穩定模式。較量在於容易疲勞的前額葉皮質需要與相對頑固的基底神經節「鬥智鬥勇」，才能讓新的模式代替舊的模式。在這個過程中，光有決心和蠻力是萬萬不行的。

第二節　習慣是如何形成的

上一節，我們從大腦的生理結構角度給大家講解了「自控」系統和「習慣」系統。

法蘭西斯·培根說過：「習慣是一種頑強而巨大的力量，它可以主宰人生。」既然習慣如此重要，那習慣到底是如何運作的呢？

查爾斯·都希格認為：「大腦中的這個過程是一個由三步組成的迴路。第一步，存在著一個暗示，能讓大腦進入某種自動行為模式，並決定使用哪種習慣。第二步，存在一個慣常行為，這可以是身體、思維或情感方面的。第三步則是獎賞，這讓你的大腦辨別出是否應該記下這個迴路，以備將來之用。」

隨著該迴路重複的次數增多，它就變得越來越自動化，直至成為一種習慣。

我們上學時都學過巴甫洛夫的條件反射實驗。

狗在看到食物或是進食之前都會流口水，這是受到食物刺激引發的唾液分泌現象。巴甫洛夫的實驗中，每次餵狗之前都會利用蜂鳴器等設備故意發出一些聲音，重複幾次之後，他發現即便只是蜂鳴器響了，狗也會像看到肉一樣流口水，對於狗來說，蜂鳴器的聲音就是將要吃到肉的線索，從而提前引發唾液分泌的現象。

在實驗中，蜂鳴器的響聲就是暗示，狗的食物就是獎賞。在一開始，狗聽到蜂鳴器的響聲並不會流口水，但將響聲和餵食這個行為相結合並多重複幾次之後，狗就發現了兩者之間的聯繫並形成習慣，當蜂鳴器響起時，狗就會習慣性地流口水，等著大吃一頓。

　　巴甫洛夫將這種現象稱為條件反射，而系列的條件反射則會導致動力定型。動力定型指的是長期重複某種行為，從而形成穩定的條件反射活動模式，具體表現為動作習慣。巴甫洛夫認為，動力定型是人的習慣的生理基礎。

　　大腦的這個設計實在是太巧妙了。要知道，如果我們每天所做的每件事情都需要讓大腦一件件管控和思考，那需要消耗極大的精力。但有了習慣迴路這個模式，我們做事的效率就會大大提高。

　　我侄子上一年級，剛開始學習拼音時，每次完成作業都格外費勁，家長輔導時也是氣不打一處來。比如，老師讓他拼讀 jiànpán 這一組拼音，他往往是拼讀了前面就忘了後面，或者拼讀後面又忘了前面，好不容易拼讀全了，又忘了音調怎麼讀。那段時間我們全家人都氣壞了。

　　但經過一段時間學習後，侄子讀拼音就完全沒有問題了，並且十分熟練。看到拼音張嘴就來，讀得又快又好。

　　當我們剛開始學習新東西的時候，大腦是從零開始學習的，那時我們會感覺十分刻意，還會在心裡提醒自己接下來要做的步驟，必須一步步來，否則就做不好。當我們不斷重複時，大腦基底神經節就將這個動作記住了，需要做時，根本無須思考，可以輕鬆搞定。

　　由此可以看出，習慣養成的原理就是將某個行為方式透過不斷刻意的重複來形成習慣迴路。如果你在習慣養成中失敗了，歸根結柢是因為你刻意重複的次數不夠啊！

　　這樣看來，似乎養成一個習慣的方法也太簡單了吧，就是將某個行為刻意重複。然而說起來容易，做起來難，你會遇到很多障礙來「阻止」你刻意重複。

　　當一個行為上升為習慣後，該習慣就具有了相對的穩定性，並且不易改變，甚至不會消失，直到它被新的習慣所替代。如果大腦指定的行為和該習慣相悖，導致動力定型被打破，就會自發地產生抵觸心理和消極情緒，為的是「保護」原有的習慣生態不被破壞。這時，盲目的重複並不能幫助你建立新的習慣，反而是越使用蠻力越抵觸。

　　有一次，我輔導侄子做作業。我發現他寫字很潦草，原來他握筆的姿勢是錯誤的。

　　我讓他停下來，重新教他如何握筆，但他十分抗拒，而且哭鬧著說按我的要求握筆連字都不會寫了。於是我拿出一盒巧克力豆擺在他面前說，如果按照我教的去做，就把這盒巧克力豆獎勵給他。就這樣，在巧克力豆的誘惑下，他按照我教的一步一步練習，一點一點開始適應。

　　一個錯誤的握筆姿勢成為習慣，當大腦重新下達一個正確的

握筆指令時，它的要求在早已養成的習慣面前會顯得微不足道，還沒到刻意重複的環節，就已經被拒絕了。但如果設計一些獎賞呢？也許就能扭轉孩子原本抗拒的心理，使其更願意去學習和重複了。

　　這就是習慣迴路中的第三步，透過給出獎賞以「誘惑」大腦注意到需要刻意重複的行為，並讓大腦更願意重複和接受它。

　　多巴胺是一種神經傳導物質，研究表明，它和人的情慾及感覺有關，它負責傳遞興奮及渴望的神經資訊。神經學家發現，當大腦發現獎勵時，就會分泌出多巴胺。

　　史丹佛大學神經科學家布萊恩・克努森曾在一次公開課上講到沃爾弗萊姆・斯圖爾茲教授用猴子做的多巴胺分泌實驗。斯圖爾茲發現，當猴子行動時多巴胺就會分泌得很旺盛，但從實驗的角度來講，這種分泌缺乏規律。於是他打算重新研究一下巴甫洛夫關於條件反射的經典案例。

　　沃爾弗萊姆・斯圖爾茲參考了巴甫洛夫的做法，給猴子設計出了一個暗示牠們將會得到果汁的線索。實驗結果顯示，猴子的多巴胺分泌變得有規律起來，當猴子意識到了線索和果汁之間的聯繫，只要線索出現，猴子的大腦就會分泌大量的多巴胺。但如果他給出了線索卻不給猴子果汁，猴子神經元的興奮程度就會減弱。

　　布萊恩‧克努森總結道：「當你讓牠產生了多巴胺，你就取得了那個動物的注意力，讓牠注意到一個好東西，並讓牠透過努力得到這個東西。」

　　猴子的大腦如此，人的大腦也一樣。我們在培養習慣的過程中，就是要學會這個技巧，透過植入獎勵，亮出線索來讓大腦分泌出大量的多巴胺。要知道，多巴胺是控制行動的按鈕，這樣，身體就會為了得到獎勵而更願意去行動了。

第三節　培養一個習慣需要多長時間

既然培養一個習慣需要不斷地進行刻意重複，那麼，需要重複多長時間呢？有人說7天，有人說21天，也有人說30天。

其實這些說法都是不準確的。其中，流傳最廣的說法是21天能夠養成一個習慣。美國醫學博士麥克斯威爾‧馬爾茲認為，改變心理意象需要至少21天，可我們並不能依此認定，培養一個習慣就需要21天。

在我看來，習慣的養成並沒有明確的時間，最主要還是看你想要養成的習慣種類，本身強度，而且個體之間的差異也會影響耗時的長短。

其實，我覺得非要糾結於養成一個習慣到底需要多長時間，並沒有太大的意義。要知道，我們為什麼要養成習慣呢？因為我

們想要將這個行為長久地堅持下去。既然要一直做下去，那麼知道養成這個習慣需要具體多長時間就顯得不那麼重要了。

之所以有很多朋友對習慣形成的時間那麼在乎，其實還是因為他們在重複行動時感到刻意和抵觸，因此才會希望盡快形成習慣，這樣就能「自動」完成，不用再痛苦地堅持了。正所謂「解鈴還須繫鈴人」，當我們明白為什麼會糾結就好辦多了。

其實當我們進行刻意行動時，感覺阻力變小，完成時沒那麼痛苦，就已經成功了大半。與其將心力用在思考一個沒有明確答案的問題上，還不如多花點時間去琢磨和試驗如何才能減少自己在刻意重複時遇到的阻力。

日本作家古川武士認為培養行為習慣分為三個階段：反抗期、不穩定期和倦怠期。

在習慣養成的反抗期，我們所遇到的阻力是最大的，根深蒂固的舊習會對新建立的行動指令「百般阻撓」。而這個時期恰巧是我們從編寫計畫書轉到具體實踐中的階段，我們會由原來的假設目標到真正身體力行，而這個反差會讓我們感到很不適應，且原先的熱情高漲也會被現實這盆冷水澆得冰涼。

記得我剛工作那段時間，每天吃完晚飯後都會習慣性地往沙發上一躺，枕個靠枕就開始玩手機，而且一玩就是好幾個小時。後來我發現自己的肚腩越來越大，不得已制定了一個「飯後百步走」計畫。我打算吃完飯後休息一小時就去健身房鍛鍊，然後洗

自律系統說：
「晚飯過後我要寫作！」

習慣系統說：
「我不同意！晚飯過後，
不是說好打遊戲的嗎？」

澡回家。多麼完美的計畫啊，但當執行起來我才知道舊有的習慣是多麼頑強！

　　每次吃飯時，我就已經開始透過想像來對比玩手機和去鍛鍊這兩種行為了。一個是窩在沙發上舒舒服服地玩手機、看段子，笑得像個孩子；一個是在健身房揮汗如雨，累得像隻狗。如此鮮明的對比，縱然我內心多麼渴望恢復魔鬼身材，僅僅在想像時我的意志力就已經宣布投降了。

　　無論是生理上還是心理上，那時的我早已習慣於「飯後一躺，手機一玩，零食一吃」的模式，一到飯後時間，我的身體就開始犯懶。光靠一個目標是無法讓我從原本早已習慣的模式中走出來的。而不適應就是我們在這個階段裡選擇放棄的主要原因。但當我們進入到不穩定期後，再進行刻意行動時，心理上的阻力

就開始逐漸變小，但這時我們又通常會因受到外界的干擾，選擇放棄。

　　你原本計畫每天下班後學習一小時英語。好不容易撐過反抗期，學習英語開始變得比以前容易一些，但這時總會有各種事情打亂你原本的計畫。比如臨時加班、飯局應酬、約會、陪伴家人等。而此時，你已經進入了不穩定期，在沒有干擾的情況下能自主學習，但當有其他事情打斷時你就會三天打魚兩天曬網。
　　度過不穩定期，你就進入了習慣養成的最後一個階段——倦怠期。

　　在進入倦怠期後，完成規定的任務將變得不再困難，但起初實現目標的鬥志與激情也消耗得所剩無幾，沒動力、沒希望，感到無聊、空虛是養成習慣的最後一道阻礙。

　　只有根據不同時期的特點來判斷自己處於習慣養成的哪個階段，我們才能夠更好地對症下藥、防患於未然。這遠比我們一味地掰著手指頭過日子，計算著什麼時候才能養成習慣有意義得多。

動力告急！

道理我都懂！
但是我真的沒
有動力去做。

第三章

為什麼你的意志力總是不夠用

第一節　為什麼越自控越失控

養成習慣的方法就是不斷重複某個特定的行為，其具體的流程是：「暗示──慣常行為──獎賞」。但即便我們已經知道習慣的具體流程，也並不代表我們一定能做到。

自控系統運轉時需要「耗電」，而意志力就是它的「電源」。只要自控系統還在運轉，它就會不斷地消耗意志力。而通常情況下我們之所以知道了方法卻無法做到，正是因為意志力的「電量」無法支撐我們走完整個流程，更別指望不斷重複了。

這時，我們需要做以下兩件事：

一是找出會大量消耗意志力的事情，盡量節省意志力的支出，做好「節能」工作；二是為自控系統「充電」並擴充其「容量」。理財講究的是開源節流，習慣養成也是如此。

美國佛羅里達大學社會心理學教授羅伊·F·鮑邁斯特提出了「自我損耗」的概念，並以此來描述人們對自己的思維、感受和行為的調節能力減弱的過程。他認為：「自我損耗造成的影響是雙重的，一方面意志力減弱了，另一方面渴望變強了。」

隨著意志力不斷消耗，個體的自控力也會開始下降，這時，個體的情緒控制能力和抵制誘惑的能力都會衰減，「及時行樂」的渴望卻會不斷增強，而這些變化很難被察覺到。這也是我們在制定「雄心」計畫後，總是堅持不了幾天就宣布放棄，讓自己陷入「自我控制——自我放縱」循環中的主要原因。

就拿戒菸這件事情來說吧，戒菸者會在戒菸期間用意志力強迫自己不再吸菸，甚至還會刻意讓自己不去聯想到香菸。但運用

大量的意志力進行自我控制會加速意志力的耗損，這時，戒菸者就會進入「自我耗損症候群」中，一方面表現為意志力大大減弱，另一方面則是千方百計打壓的抽菸欲望反而變得越發強烈了。

很多戒菸者在強制戒菸時，脾氣會變得異常暴躁、喜怒無常，且十分壓抑，他們越不讓自己抽菸反而越想抽菸，甚至感覺連身體都開始變得不舒服，等到恢復抽菸後，身體和情緒又自動恢復正常了。

既然進入自我耗損會大大消耗我們的意志力，還會讓欲望變本加厲，那麼，有哪些因素會導致自我耗損呢？

第二節　意志力耗損的五大因素

　　美國權威心理自助機構研究發現，引起自我損耗有五個重要因素，分別為：努力程度、感知難度、消極情緒、主觀疲勞和血糖水平。

　　由此我們可以看出，本書第一章所總結的導致我們自律能力差的N個原因，恰巧可以歸於這些因素之中。

努力程度

　　你所希望自己培養的習慣、付諸的行動，需要你付出多少努力呢？

　　努力的程度不同，對意志力的消耗也就不同。總體來說，越努力，消耗的意志力也就越多。就拿背英語單詞來講，每天背五個單詞和每天背五十個單詞，哪個對意志力的消耗更大呢？答案肯定是後者。

　　當你刻意執行某個行動時，就是在用意志力自控，調用前額葉皮質中「我要做」「我不要做」和「我想要」的功能。而執行程度的深淺則直接影響著自控的強度。

　　有時我們選擇放棄不是因為自己不努力，而是因為自己太過努力。越努力對自我控制的強度要求就越高，對意志力的消耗也就越大。

　　除此之外，我們還會發現，自己越努力反而越焦慮。因為越努力，就越在乎事情的成敗及效果，因此也越容易感到壓力、焦慮和迷茫。

越努力，越需要自控

越自控，意志力損耗越多

感知難度

我在前文中講過，我們在制定計畫時容易用力過猛，經常制定出過於繁重的計畫。等到真正執行時才發現，計畫太難了，自己根本堅持不下去。大家有沒有發現，我們經常會在制定計畫時自信心爆棚，陷入「假象自信」的陷阱中？

看到同事下班後還抽空寫文章，你覺得自己也能做到。

看到同學努力複習考上了公務員，你覺得如果自己去考，多半也能考上。

聽到有講師說每天五點起床讀書有利於個人成長，於是你也信心滿滿地交了群費，認為自己也能做到……

我覺得世界上最大的謊言就是：「只要我用心去做，我也能像××一樣成功。」我們對自己充滿信心，往往是我們還未做

一個禮拜複習完全部功課？

好難，我真的做不到啊！

感覺難度越大，越抗拒執行，對意志力損耗越大！

過的時候。可等到我們真正實踐時，大腦才會認真評估任務的難度。而當我們真正感受到任務的難度時，往往在評估階段就已經耗盡意志力，根本輪不到身體力行地去做。

　　我在前面講過舒適區、學習區和恐慌區。其實，有時我們制定的計畫本身是處在學習區，但常常因為行動量過大而進入恐慌區。

　　就拿我來說，我在學習英語上屢戰屢敗。對我而言，每天背五到十個單詞是在我的學習區，是可以接受的。但如果再多，就進入恐慌區了。

　　如果一個行動計畫讓你感到恐慌，那就證明這個難度對你來說太大了，它已經開始讓你進入自我損耗了。

消極情緒

　　消極情緒即那些會干擾工作和思考的情感，壓力、擔心、恐懼、悲傷、悲觀、憤怒、緊張、焦慮、無力、痛苦、憎恨等都屬於消極情緒。消極情緒會將本該用於維護身體正常生理機能的能量大量消耗掉，長此以往就會影響身心健康。

　　我們在習慣養成的過程中，經常會產生恐懼、焦慮等消極情緒。原因通常有以下幾點：

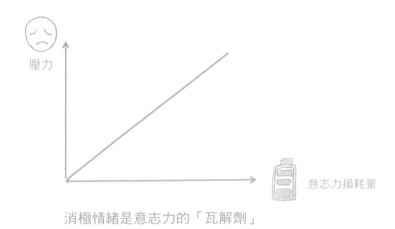

消極情緒是意志力的「瓦解劑」

　　一是總想掌控一切。比如，做一件事情，總有人想靠一己之力將事情完成得乾淨漂亮，可世間很多事情，尤其是處於個人關注圈的事情，不是你一個人就能搞定的，況且其中包含許多個人無法掌控的外界因素。此時，如果你非要鑽牛角尖，結果通常是你不僅沒有達到目的，反而還會使你感到焦慮和無力。

　　二是制定的目標過大、數量過多。這一點我已經在前面反覆討論過了，不再贅述。

　　三是個人思考方式過於負面。一個杯子裡有半杯水，積極的人看到後會說：「還有半杯水呢。」消極的人卻會說：「只剩半杯水了！」如果一個人總是往事情負面的、不足的一面去想，會很容易產生消極情緒。

　　四是周圍的環境所致。有時原本我們心情很好、鬥志滿滿，可遇到幾個滿腹牢騷、負能量、說風涼話的人，心情必然也會受到影響。

主觀疲勞

　　當我們感到疲勞時，意志力也會隨之大幅減弱。因此，我們在制定計畫時，一方面要注重計畫的靈活性，畢竟，誰也不想工作到十點後還要完成其他學習任務；另一方面要做好精力管理。能夠做到早睡早起，並且懂得合理安排工作時間和休息時間，給自己留出一定的放鬆時間。

　　就拿熬夜來說吧，我們都知道熬夜對身體不好，還會有黑眼圈。其實，熬夜不僅會影響身體的健康，還會影響我們的意志力。

血糖水平

　　一說起自控力和血糖的關係，想必許多人都會想起美國司法史上著名的「甜點抗辯」案件。

　　1977年，出任美國聖法蘭西斯科市政主任的丹·懷特在宣布辭職的幾天後反悔，他找到當時的市長莫斯孔尼，要求對方重新委任他做市政主任。遺憾的是，莫斯孔尼沒有答應他的要求，而是選擇了別人。丹·懷特認為，這是因為當時聖法蘭西斯科監

督委員會的哈威・米爾克在他背後「說壞話」，所以市長才會另選他人。

1978年11月27日，丹・懷特持槍闖入市長辦公室，將莫斯孔尼殺害，隨後又將米爾克殺害。不久，丹・懷特被捕。

在隨後的庭審中，丹・懷特的辯護律師想要證明丹・懷特在作案前就已經精神失常，為此他還請來了精神病學專家馬汀・布藍德作證。布藍德指出，丹・懷特在作案前食用了大量的甜點，這導致他的血糖水平急速上升又急速下降，血糖的影響加上丹・懷特本身就有著嚴重的憂鬱症，導致他自控力減弱，最終變成殺人犯。

原本丹・懷特會被指控蓄意謀殺罪，可最終卻被判為過失殺人罪，只需要監禁7年零8個月。最終，丹・懷特在監獄待了5年1個月獲得假釋出獄了，次年他便在家中自殺。政治名人被害，此次事件在美國引起了軒然大波。律師的辯護、專家的作證讓當時的輿論一片譁然，諸多媒體爭相報導了這次辯護，並將其稱為「甜點抗辯」。

現在有很多資料都認為，「甜點抗辯」是當時的媒體曲解了律師和專家的意思，直接將食用了大量的甜食和精神失常掛鉤。但這也讓更多的人瞭解到血糖和自控力之間也許存在著某種關聯。

要知道，集中注意力、控制情緒、應對壓力，這些都需要自

控力。當血糖降低時，自我控制能力也會相應減弱。

　　心理學家馬修‧加略特為此還專門做了一個實驗。他召集了一群志願者，分配給他們一些需要自控力才能完成的任務。加略特在任務開始前和任務完成後分別測量了志願者的血糖含量，從得出的資料來看，志願者完成任務後的血糖含量均有所下降，並且，如果志願者在完成任務時血糖含量下降得越多，那麼他在下一個需要自控力的任務中就會表現得越差。

　　隨後，加略特準備了兩種檸檬水，一種裡面添加了糖，一種只加了甜味劑。添加了甜味劑的檸檬水雖然在口感上也帶有甜味，但不含葡萄糖。加略特將志願者分為兩組，一組喝了加糖的檸檬水，另一組喝了添加甜味劑的檸檬水。他發現，喝了加糖檸檬水的志願者意志力都得到了恢復，喝了添加甜味劑檸檬水的志願者的意志力則持續減弱。

　　雖然血糖含量的確會影響自控力的發揮，但這並不代表我們需要不斷地給自己補充葡萄糖。我們只需保證每天的飲食中攝取身體所需的量即可。我們的意志力之所以那麼快用盡，是因為我們在制定計畫和執行時，總會受上述五個因素的影響。同理，如果我們制定的計畫、付諸的行動能夠盡量避開這幾個因素，就能大大減少意志力的浪費。

　　畢竟，意志力的「開源」是一個漫長的過程，但「節流」卻能透過一些技巧立刻達到立竿見影的效果。

第三節　學會高品質的放鬆和休息

為什麼現在人們普遍覺得自己不快樂呢？

我想大部分原因都在於人們總是有意無意地給自己施加壓力，並且不懂得主動放鬆和休息。

有人會說，我很會放鬆啊，我一直就像是「懶鬼」附身一樣，除了上班就是窩在床上，什麼都不想幹，難道這不算放鬆，不算休息嗎？可為什麼休息過後我的意志力依舊很弱？

我有一個從事銷售工作的朋友，他每個月都有業績要求，工作壓力特別大。他每做成一單生意，就會和朋友一起去吃烤串喝酒、泡吧唱歌。平時完成工作後，他會玩遊戲到深夜。在他看來這就是放鬆，就是休息。

　　當然，進行上述的娛樂活動確實能起到放鬆的作用，可效果卻十分有限，把握不好分寸，還會弊大於利，因為這種方式只能稱為消遣。

　　我認為，高品質的放鬆與休息，必須滿足以下三個條件：

什麼是
高質量的放鬆

主動性

做感興趣的事情

減少自控和自我評判

　　條件一：主動去做，而不是因為被迫或無所事事去做。

　　條件二：做自己真正喜歡的事情或是放空大腦，不去胡思亂想，盡可能地減少自控。

　　條件三：不去要求自己，不去評判自己。

　　有時候，我們之所以選擇玩遊戲、追劇、泡吧等方式，是因為我們發現自己下班之後無事可做，於是才會選擇做點刺激的事情來對抗孤獨和寂寞。

　　這樣的方法從表面上看是在娛樂，你高興地和朋友談天說地，但內心卻空虛寂寞。甚至你還會發現，自己除了工作以外，

沒其他事情可做了。遇上假日，感到很無聊，還不如上班。

　　依賴於感官或是味蕾上的刺激並不是真正的放鬆，而是放縱，真正的放鬆和休息是做自己喜歡的事情。我們在做自己感興趣的事情時，往往會覺得時間過得很快，那種滿足感是因為感覺無聊而被迫打發時間的方式無法相提並論的。

　　我很喜歡畫畫，雖然畫得並不好，我畫畫的場景很像電影《我們懂個×》中，演員伊蓮·亨德里克斯所飾演的傑妮芙在屋子裡畫畫的樣子，我純粹是用各種顏色的筆在紙上隨心所欲地勾勾畫畫。

　　畫畫是我的業餘愛好，我單純地喜歡著它，在畫畫時我從不評判我畫的畫好還是不好，這讓我在畫畫時沒有任何心理負擔。工作壓力大、心情不好時，我會用這種方式來排遣壓力。即便只畫上十分鐘，也會讓我感覺心情舒暢許多。

　　有品質的休息和放鬆，根本不在乎時間的長短。

　　既然因為無聊而去做某件事情來打發時間是最低級的休閒方式，那麼我們應該如何發現和培養自己的興趣愛好呢？

　　我在整理讀者發給我的郵件時，發現許多人都有這樣的困擾，他們覺得自己沒有興趣愛好，更不知道該如何去培養自己的興趣愛好。

　　興趣愛好不是空想出來的，你站在原地，接觸的往往還是你

之前早已熟悉的，倘若你非要強迫自己想出一個新的興趣愛好來，確實有些困難。

　　我一直認為，生活對我們最大的折磨就是讓我們漸漸失去了好奇心。而打破這個瓶頸最好的方法就是從早已習慣的舒適圈中走出來，換一種活法，讓自己的生活方式變得新鮮起來。

　　我的一個讀者就是典型的對生活喪失興趣的人。在旁人眼裡，他擁有穩定體面的工作、優厚的待遇、有房有車。在物質層面上，他是很值得驕傲的。但他的私人生活卻十分單調、枯燥。

　　他告訴我，他對任何事情都提不起興趣，有憂鬱症的傾向。我問他為何不嘗試做一些自己原本沒有做過的事情呢？比如旅遊、打球、畫畫等。他告訴我，他不喜歡這些，他覺得自己沒有興趣愛好。我對他講：「既然沒有做過，那又怎麼知道自己不喜歡呢？當然，也許之前的某次經歷讓你覺得從事某項活動不好玩，但那也僅僅只代表那一次的體驗而已。」

　　在我的說服下，他報了個旅遊團。幾天後，他告訴我這次出行他拍了很多照片，感覺比之前窩在家裡心情好多了，週末他還打算再去周邊的其他城市逛逛。

　　你看，許多事情都是我們無法預料的，如果不付諸行動和體驗，光靠想像來判斷就很容易「失真」，也容易讓你錯失獲得快樂的機會。因此，對沒有體驗過的事情不要妄下結論，要保持一定的好奇心，多給自己機會去體驗。只有不斷地接觸新鮮事物，

才能給自己發現和培養興趣愛好的機會。

　　馬特・卡茲是GOOGLE的一名工程師，他在一次演講中分享了自己從生活中尋找樂趣的方法。他討厭自己機械般重複的生活，於是他決定用30天的時間來嘗試新事物，就這樣，他原本枯燥的生活發生了質的改變，他從原來只會宅在家裡變得對外界充滿好奇心。

　　現在他每天都騎自行車上班，每天都會拍一張照片，他在一個月內寫完了一部小說，他還完成了非洲最高峰吉力馬札羅山的健行……

　　他不再是原來那個只想不做的人，現在的他一旦有了新想法就會立即付諸行動，他不僅改掉了許多壞毛病，還發現了許多身邊的美好事物，變得對生活充滿興趣。

　　馬特・卡茲說：「當我做出小的、持續性的改變時，我可以嘗試做許多事情，我發現我可以很容易地堅持下來，這和做又大又瘋狂的事情無關，事實上，它們樂趣無窮。」他的這段話引起了很大的迴響，並被稱為「馬特煥新」。

　　對啊，不管做不做，30天都會過去，那為何不試著做一些自己想做的事情，去嘗試一些小小的改變呢？「馬特煥新」是一個很好的幫助自己找到興趣愛好的方法，我建議大家試一試。

第四節 學會冥想

真正的放鬆和休息，是身體和心靈一起「放假」。

想必大家都有過這樣的經歷吧：身體明明很疲憊，躺在床上，大腦卻在不停地運轉，不是回顧今天，就是悔恨過去，或者思考未來。這樣一來，雖然自己早早上床，卻難以成眠。

冥想是讓身體和心靈一起「放假」的好方法。冥想其實非常簡單，經常會有網友向我諮詢冥想的具體方法，生怕自己做得不到位會讓效果大打折扣，甚至帶來負面影響。其實這種擔心大可不必，我們不必將冥想複雜化或妖魔化。進行冥想，注意以下兩點就可以了。

一是找個安靜的、不會被打擾的地方，將手機調成靜音，然後選擇一個自己覺得放鬆且舒適的姿勢坐著或躺著就行。

　　二是慢慢地呼吸，將自己的注意力集中在每一次的吸氣和呼氣上。慢慢地呼吸就好，不用刻意要求自己非要憋氣多長時間。如果感覺自己走神了，也沒有必要責怪自己，只需重新把注意力聚焦到呼吸上即可。

　　整個過程持續五到二十分鐘即可，時間長短並無特殊要求。如果時間充裕，多做一會兒也無妨。其實冥想就是讓身體和心靈都進入放鬆的狀態，身體舒舒服服地躺在那裡，體驗每一次舒緩的呼吸，這樣大腦就不會想其他事情了。

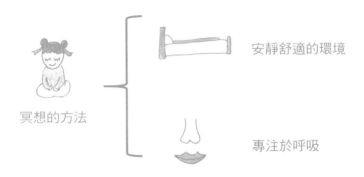

冥想的方法

安靜舒適的環境

專注於呼吸

第五節 番茄時間工作法

工作中不管多忙、任務多重，也要懂得勞逸結合，懂得休息。

工作中爭分奪秒捨不得休息，反而會降低效率，還可能會因為過度疲勞而加速意志力的消耗，導致自控力大大減弱，甚至出現自我放縱的情況。

想必大家都知道番茄時間工作法吧。番茄時間工作法是指在一個時長為二十五分鐘的時間段內專心工作，不做其他事情，完成後則休息五分鐘，再進入第二個番茄時間。其中每四個番茄時間為一組，完成一組番茄時間則休息十五分鐘，直到完成指定工作。

許多朋友在使用番茄時間工作法時都會遇到這樣的困擾：剛制定好一個番茄時間計畫，就遇到各種干擾事項。比如，有同事找你聊天，上司找你談話，朋友打來電話等等。這時你該如何有效且合理地應對呢？

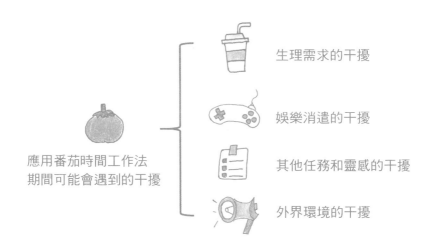

這些干擾可大致分為兩類。

一類是自身的干擾。比如，你在完成一個階段的任務時就感覺肚子餓得咕嚕叫了，想要去吃飯，這屬於生理需求對番茄時間的干擾；你在工作時突然想到喜歡的綜藝節目已經更新了，於是不受控制地想要去看，這是娛樂消遣的想法對番茄時間的干擾；還有，你在寫專案報告時突然想到自己做的PPT還沒發給上司，這就屬於其他任務和靈感對番茄時間的干擾。

面對生理需求對番茄時間的干擾，我的方法是盡量將其放到休息的時間去完成。在番茄時間開始計時前，我會先喝點水、吃點零食、去上洗手間等，盡量將這類干擾的可能性降到最低。為了避免誘惑，我把辦公桌整理得十分簡潔，不放任何零食。

面對娛樂消遣的想法對番茄時間的干擾，我的方法是不在辦公桌上放可能會干擾自己注意力的雜誌、小說或人偶模型等。如果這種念頭十分強烈，我會立刻停下手上的工作，並在待辦清單上寫上「娛樂建議」，如休息時搜索最新舞台劇的演出資訊。寫完之後再繼續回到之前的工作中。

面對其他任務和靈感對番茄時間的干擾時，我同樣會選擇將其記錄下來，然後在完成該番茄時間後再安排新的番茄時間來對此進行處理。當然，如果你臨時想起了一件非常重要且緊急的事情，你完全可以取消當前的任務，等完成該任務後你再安排新的番茄時間來完成之前取消的任務。

　　另一類是來自外界環境的干擾。例如，同事向你尋求幫助、上司給你分配了新的任務、電話突然響起、手機應用推送資訊等等。處理的方法依舊是先快速判斷事情的輕重緩急，如果是不重要不緊急的事情，則可以先告訴對方你現在很忙，等事情完成之後你再去瞭解和安排。如果是十分重要且緊急的事情，則可採用相反的方法。

　　我認為，番茄時間工作法的意義有三點。

　　第一點在於它讓我們學會在規定的時間內要盡可能地專注，將注意力集中起來並用到指定的任務上。

　　第二點在於養成完成任務後主動休息的習慣，不要等到疲憊不堪時才去休息。

　　第三點就是要學會靈活地應對突發狀況，畢竟，我們不可能永遠處於不被打擾的環境中。

　　通常我們是在連續工作了一兩個小時，感覺十分疲憊時才讓自己休息一會兒。我在前文中講過，被迫式的休息品質都很低。

　　我們也可以將自己工作的時間分成片段，可以是二十五分鐘，也可以是三十分鐘，時間到了就讓自己休息五到十分鐘。休息的方法則可以借鑑上文中提到的呼吸練習。可以坐在椅子上慢慢地呼吸，讓自己注意呼吸的感覺。如果條件允許的話，你也可以站在窗邊，遠眺外面的植物，做呼吸練習。

第六節　認真工作，好好生活

有一種「病」叫「等我有錢後症候群」，又稱「等我實現目標後症候群」。得了這種「病」的人通常可以分為兩類。

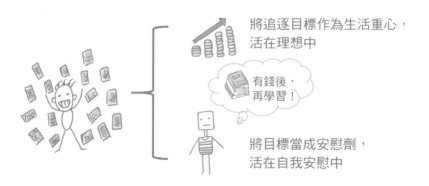

將追逐目標作為生活重心，活在理想中

有錢後，再學習！

將目標當成安慰劑，活在自我安慰中

「等我有錢後」症候群的兩種表現

一類是將追逐目標當成了生活的重心，寧願活在理想中的世界，也不願仔細欣賞當下的美好。就好比「吃著碗裡的，看著鍋裡的」，眼睛永遠盯著還未上桌的菜，卻不仔細品味正在吃著的飯。即便他們實現了目標，也不會感到滿足。他們總覺得實現目標後的自己才是完美的，當下的自己只有不足。因此，這類人一直陷在匆忙的追逐中，不曾感受過當下的生活。

另一類則是喜歡將目標當成麻醉劑，他們總活在自我安慰中，將本該去做的事情拖延到明天。他們的口頭禪就是「等我有錢後，我就……」。

等我有錢後，我就考研究所，重返校園，再體驗一回當學生的感覺。

等我有錢後，我就好好孝敬父母，給他們吃好的、穿好的。

等我有錢後，我就去旅遊，看看外面的世界……

他們總是將自己目前所處的狀態歸咎於沒有錢，或是錢不夠多。並將本該或本可以現在做的事情推到有錢的那一天。他們之所以將錢和要做的事情掛鉤，並以沒錢為藉口，只是為了給自己找拒絕行動的理由。這樣，他們既能讓自己心裡好受一些，又能夠顯得自己很上進。

　　「等我有錢後症候群」極容易導致人們做事拖延，將小問題拖成大問題，等到問題真正爆發時，才發現自己已經無法應對。

　　「等我有錢後症候群」還容易讓「患者」對當下抱有一種不滿的心態，產生抱怨、焦慮、失望、迷茫等消極情緒，變得無所適從。

　　一味求快，只會讓我們的生活漸漸失去平衡與樂趣。現代人越來越熱衷於追求快速成功。如果你沒有理想、沒有目標，都不好意思和別人聊天。

　　我們常常只看到了當下的不足與不圓滿，心裡只想著還沒完成的願望和目標。一直處於「欲求不滿」中的我們，為了能更快地取得成功，不得不更加努力地工作、更加努力地學習，就這樣，我們上班時加倍地幹，下班後加倍地學，直到擠滿整個生活。

　　是的，我們比過去更富有，卻沒有更快樂，反而變得更加焦慮了。我們發現如今的自己越來越功利，評判一件事情是否有意義時，只會粗暴地看它能帶來哪些回報。我們也變得越來越無趣，一旦停下來，我們就會發現，除了工作，對其他事情都提不起興趣。這絕對不是我們想要的。

　　總想做生活的掌控者是一個很傻的想法。因為你根本無法掌控生活，你只會越掌控，越焦慮；越掌控，越失控。我建議大家不要總是想做生活的掌控者，而應該做生活的感受者。

　　不做生活的掌控者不是自我放棄，全然接受命運的安排，而是用心做好自己應該做的，從原來的總想著沒有實現的計畫的視角，轉變為觀察當下的生活，感受當下的生活，即多想想自己現在擁有的，少糾結還沒擁有的。這樣，就可以很好地減輕壓力和焦慮了。

　　我有個朋友事業進入瓶頸期，脾氣變得越來越差。我告訴他別總想著工作，要學會讓自己放鬆，比如，留意下身邊的美景或是去旅遊，他說自己沒時間。一天晚上我去他家作客，在他居住的社區拍了一朵小花。當我把照片拿給他看時，他說：「真好看，你什麼時候拍的？」

　　我說：「這是我剛在樓下拍的，美景不一定在旅遊景點，其實生活中處處皆是。」就像小時候我們總覺得其他小朋友的零食更美味一樣，長大後的我們也總覺得沒有擁有的才是最好的，於是我們一個勁地羨慕別人，卻忽略了自己已經擁有的。

　　如果你總是覺得自己活得很無趣，那並不是因為你沒錢，因為即便你實現了心中所想，賺了更多的錢，也一樣會過得無趣。其實你缺的不是錢，而是發現美的眼睛、有趣的靈魂和懂得感恩的心。

　　有檔熱播的綜藝節目叫《嚮往的生活》，許多網友都評論說如果自己有錢，一定要租個鄉村小院，好好享受生活。其實心中

嚮往的生活不一定在未來，也許當下的你就能做到。

　　當然，也許當下的你還無法以你羨慕的方式生活，但你仍可以在現有的能力和資源下活出自己最好的樣子。我建議你拿起手機或相機，透過拍照或錄影的形式記錄生活中美好的瞬間和不易察覺的細節，從追夢人變成生活家。這不僅可以幫你減少焦慮和壓力，更能增強你的幸福感和自信心。

　　都說人逢喜事精神爽，可我覺得，只有精神爽後才能遇上喜事！在生活中我們要學會轉換視角、享受生活。在工作和學習中，我們追求的是效率，但很多人卻將工作延續到了生活中，將日子也過得匆匆忙忙，這是典型的工作生活混淆不分。

　　在工作和學習上有功利心是好事，帶著明確的目標去工作和學習確實能提高效率。可是不能把這種功利心延續到生活中，因為這會降低我們的幸福感，我也犯過這種錯誤。

　　過去，我從工作回歸到生活後，打算選一本書閱讀，可是我在選擇書籍的時候會習慣性地看它對我的工作和學習是否有幫助。好不容易選好了書，我又急著給自己制定讀書計畫，嚴格規定自己每天必須讀完多少頁、做筆記等。最後我發現，原本自己只想好好休息一下，卻沒想到依舊是在工作，把好好的休閒時光弄得跟「打仗」一樣。

帶著「功利心」工作，
目標明確，求好求快！

帶著「散漫心」生活，
感受細節，活在當下！

　　工作學習時要有「功利心」，要有明確的目標，可以求好、求快。生活中卻要有「散漫心」，要求慢。

　　週末休息時你可以關掉鬧鐘，讓自己美美地睡上一覺，不用想著早起；閒暇時打掃一下屋子，可以一邊聽著音樂，一邊哼著小曲收拾；如果覺得待在家裡實在是無聊，還可以到公園去散散步，或者坐在椅子上發呆，看看花花草草；你還可以和父母或朋友一起去打球，出一身汗，然後舒舒服服地洗個澡，不必在乎輸贏。

　　總之，在生活中將你的大計畫、大目標都暫時忘記，慢慢地享受生活，慢慢地感受美好。

第七節　為規則鬆綁

　　上學時，每次做完測試題後，老師都會讓我們把自己的錯題進行總結，還會鼓勵我們多做同類型的題，通過多加練習來真正掌握這類題型，其實鍛鍊自我控制能力時也是一樣。意志力就像肌肉，你越鍛鍊，它就越強大。但需要注意的是，練習的方法最好是簡單易行的，不要太過複雜，否則難以達到練習的目的。

　　你想戒菸？

　　你想戒酒？

　　你想戒糖？

　　你想戒掉碳酸飲料？

　　你想盡量少吃辛辣油膩的食物？

你想盡量少玩手機？

…………

這些都在考驗我們抑制衝動、抵制誘惑的能力。

以前我特別喜歡喝碳酸飲料，雖然我知道常喝碳酸飲料不健康，但就是很難戒掉。起初，我戒碳酸飲料的方法就是盡可能不看到它。讓我印象深刻的是，我最長堅持了16天沒喝碳酸飲料，可最終我還是失敗了。一次和朋友聚會，我看到別人都在喝碳酸飲料，就忍不住「破戒」了。原本讓我驕傲的「16天不喝碳酸飲料」的「戰績」也因此破功。那16天我之所以能堅持下來，更多的是透過逃避的方式，如不參加聚會、不逛超市的飲料區等盡可能地減少和碳酸飲料的正面接觸。當然，這也有一定效果，可是我不可能一直逃避啊。

既然刻意躲避誘惑的策略失敗了，於是我索性將計畫來了個180度大轉變，我要讓自己經常處於誘惑中，並以此來鍛鍊自己拒絕誘惑的能力。為了降低難度，我還將規則從原來的「不許失敗」改為「允許自己失敗一定次數」。

於是我故意將四罐可樂分別放在冰箱裡、電腦桌上、客廳的茶几上以及臥室的床頭櫃上。這樣，只要我在家裡面，就會不可避免地看到我最愛喝的飲料。我告訴自己，要盡可能地在接下來

的四週內，控制自己不去喝掉這四罐飲料，如果「破戒」，底線就是不把這些飲料都喝完。也就是說，在這個「可樂遊戲」中我有三條命。

我本以為自己和碳酸飲料面對面時會更加難以抵抗誘惑，尤其是想到喝下它後那種爽快的感覺。可當我真正進入這個遊戲時我才發現，當允許自己失敗，不過分地要求自己時，自控反而變得不那麼困難了。

第一週，有次我打球回來，進門後下意識地就將放在客廳的可樂打開了，等到喝完後我才反應過來。

第二週，我堅持沒喝。

第三週，我喝了一罐。

第四週，沒喝。

四個星期的時間裡，我喝了兩罐可樂。這期間，我的生活狀態完全正常，該聚會聚會，該逛超市逛超市，我再也不用強迫自己避開飲料貨架了。

第二個月，我用了同樣的方法，只不過我將擺放的可樂數量減少到了三罐。我現在也還是會喝飲料或奶茶，但次數很少，一個月最多就一兩次，而且我不必讓自己刻意強忍著不喝。

想要針對性地提高自己抵制誘惑的能力，完全可以借鑑我的這種做法。不要一開始就制定嚴苛的規定，那將會讓練習失去意義。

例如，你覺得自己每天玩遊戲的時間太長了，想要戒掉沉迷遊戲的壞習慣。不如先設計一個類似於我上面使用的小練習。

第一步，找到一個小道具，用它來表示這款遊戲，一旦你看到它就會想玩遊戲。可以是遊戲手柄，也可以是遊戲中的人物模型，甚至可以是一張遊戲海報。

第二步，將道具放在你每天的必經之地。比如，玄關處的鞋櫃上。

第三步，制定此次遊戲的時間和規則。比如，規定自己在接下來的一個月裡，每次看到用於提醒自己玩遊戲的道具時，如果有順從的衝動，必須規定自己一個小時之後才可以去玩遊戲。

確定代表某誘惑的道具

將道具放到每日必定經過的地方

設定規則，如：不能當下就屈服誘惑

執行並且記錄效果

如何提高抵制誘惑的能力？

第四步，執行並記錄效果。

可以看出，遊戲的規則是相對寬鬆的，並沒有下「死命令」禁止自己玩遊戲，而是當自己看到道具有強烈的衝動，一個小時之後才可以去玩。從表面上看，這個練習的目的並不是真的讓自己戒掉遊戲，但實際上，我們卻是用一種更輕鬆的方式來慢慢提高自己面對誘惑時的自控能力。

第八節　讓執行力「步步為營」

　　提高執行力的小練習十分簡單，但需要大家轉變一些舊有的觀念。

　　過去，我們總有諸如「要嘛不做，要嘛就做到最好」的想法，正是因為有了這種觀念，我們很容易進入一個尷尬的局面：一是習慣於一開始就要求自己做到最好，一旦發現自己的表現不如預期，就會選擇放棄，然後等到自己完全準備好再重新開始；二是「高不成，低不就」，本想做到完美，但又做不到。從簡單入手，又覺得沒什麼用，還看不上。而提高執行力，就是要從這兩個錯誤的觀念入手。

　　我們可以先設計一個這方面的小練習，不求自己全部做完，或是做到最好，只要求自己動手做即可。

　　舉個簡單的例子。我的一個讀者說自己特別喜歡買衣服，卻總是覺得自己沒有衣服穿。其實她知道自己應該好好整理衣櫃了，將全部衣服都分好類，找出自己需要的和常穿的，將那些不穿的斷捨離。

　　也許在別人眼裡，這項工作並不難，但對她來說，卻是一項十分艱鉅的任務。因為只要她一想到要把所有衣服全都拿出來堆在自己面前，就開始頭疼。對她來說，整理衣櫃、將衣服疊放整齊是處於她的恐慌區，在這種行動障礙下，她只能選擇拖延。

　　值得注意的是，並不是說整理衣櫃、收納衣服是在她的恐慌區，而是將其全部做完並且做好才是她真正的恐慌所在。

　　既然如此，我們完全可以選擇「退一步海闊天空」，將這些會給自己帶來恐慌的任務拆成一個個「小碎片」，每次只完成一個「小碎片」，這樣既能讓她透過體驗明白，整理衣櫃並沒有想像的那麼可怕，又能透過這種「碎片化」的方式來提高自己的執行能力。這就像是在玩拼圖遊戲，每次拼一片，直到將整幅圖完成。

　　比如，你可以先給自己三天時間，製作一張衣服管理表。第一天打開電腦軟體，一邊聽著歌，一邊畫好格子。

衣服樣式	品牌	購買年限	款式特點	顏色	搭配方向	適用季節	適用場合	喜愛程度	新舊程度	處理意見

　　第二天寫上衣服收納的規則。規則可以是給每件衣服拍張照片插入表格中，並填寫該衣服的具體資訊，如購買年限、款式特點、顏色、搭配方向、適用季節、適用場合、喜愛程度、新舊程度、處理意見（放好備穿、送人、捐贈、打包扔掉）等。

　　第三天給表格補充文字並進行調整。之所以留出三天時間，並不是一定要分成三天去做。很多看似簡單的事情，對懶癌患者來說就像是手上和腳上有沉重的鐐銬，動一動都難。

　　將任務均分成很小的步驟，可以讓我們每天都能為實現計畫完成一個「碎片化行動」，不會讓自己因整體難度過大而造成自我耗損以致最終選擇放棄。不過要注意，拉長時限後，一定不要在臨近截止日期時才去完成，最好將任務平均分配到每一天，每天都做一點。

這和我們小時候寫寒假作業一樣，每天都寫一點，肯定要比假期快結束時熬夜趕工輕鬆得多。

做好衣服的管理表格後，就可以規定自己每天從衣櫃拿出三件衣服，分別拍一張照片，然後將資訊一一填入表格中，最後把衣服疊起來或掛好。

如果你覺得每天整理三件衣服還是太多，你甚至可以將其減少到每天整理一件或兩件。你完全不用刻意逼迫自己趕進度，就把它當作一個提升自己執行力的小遊戲，每天做一點自己不願意做卻又必須做的小事。

在整理過程中，也許你開始覺得不太喜歡的衣服，但後來想好了新的搭配組合，屆時就可以對之前的整理紀錄進行修改。當完成所有衣服的整理後，你就可以按照表格中所填的處理意見開始執行了。如果覺得當天狀態很好，還想多做一些，你也可以選擇超額完成任務。

這也許會花上一個月的時間，當完成後也許你還會發現許多不足的地方，沒關係，你已經勇敢地邁出了第一步，完成了之前你想都不敢想的事情。接下來你就可以用相同的方法制定更高的目標，但前提是要給自己足夠的時間，妥善利用這種「碎片化行動」的方式來提高自己的執行力。

第九節　堅持「小遊戲」

幾年前，我買了幅1000片的拼圖，記憶中我好像從來沒有將一幅拼圖完整地拼好過。於是，當我買下這幅拼圖後，我就定下了一個目標，我一定要將這幅拼圖完成。

也許因為我知道這是一個遊戲，所以我在完成時特別輕鬆，沒有一點心理壓力。第一週是將拼圖分類，然後每天都拼一點，沒有刻意要求自己拼圖的時間和速度，就這樣，我在不知不覺中完成了一件自己以前從未做到的事情。

完成之後，我興奮地告訴媽媽，我第一次透過堅持將一件事情做完。當時她正在沙發上看電視，聽到我大呼小叫後，白了我一眼，她說：「玩的時候沒什麼壓力，當然容易堅持下去啦。」

我媽的話點醒了我，我想也許可以多做一些這類「小遊

戲」，來體會自己透過堅持將一件事情做完甚至做好的感覺，畢竟，我太缺乏這種成功的經歷了。

　　我制定的第一個「堅持小遊戲」是飯後漱口。早晚刷牙我能做到，但我經常會忘記吃完東西後要漱口。為此，我特意在網上搜尋了一款製作手機壁紙的軟體，並做了一張寫有「今年堅持遊戲1——飯後漱口」字樣的手機壁紙，然後將其設置成手機螢幕保護程式。

　　這樣，每次吃完飯，我從手機上就能看到提示了。

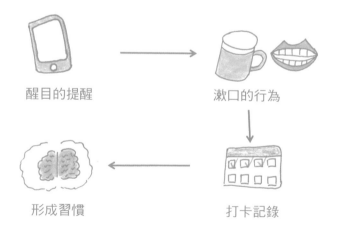

醒目的提醒　　　　　　　　漱口的行為

形成習慣　　　　　　　　　打卡記錄

　　在這個「堅持小遊戲」中，還有一個關鍵的道具——著色書，它的作用是每天用來打卡。我將著色書中的某頁用彩筆做好

打卡標注，每天睡前，我會回顧自己當天是否做到了吃完東西後漱口，如果做到了，就用彩筆將著色書對應的那頁塗滿一小塊。很多時候，當我看到手機螢幕上的提示後，我依然懶得去漱口，但一想到如果不去做的話，今天的畫稿上就會少一塊塗色，這對有強迫症的我來說簡直是一種折磨啊。於是，我只能心不甘情不願地去漱口了。

我沒有給自己制定諸如「擁有一口潔白牙齒」的目標，我只是把這些當作自己需要完成的「堅持小遊戲」。我發現，當我主動給自己減壓、減負時，堅持就變得不那麼艱難了。正是因為這次嘗試，我在那一年透過這種「堅持小遊戲」的方法養成了九個好習慣。

好習慣本無大小，任何事情想要做到長久堅持，難度自然會飆升。因此，在習慣養成的初期不必嚴格要求行動的數量和品質，先養成每日自然地去做就行了。

當然，你也可以透過這種方法，來確定一件你想要養成習慣的小事，然後用製作手機螢幕保護程式、列印圖片、書寫便箋紙等方式來提醒自己。我保證，整個過程會十分輕鬆，並且還能讓你對自己有全新的認識，你會發現，你也可以透過堅持養成好習慣，這不僅能鍛鍊你堅持的能力，更能讓你重新認識自己，重拾自信。那種感覺真是棒極了！

第十節   巧用積極的自我暗示

人們都會制定目標、許下願望，還會透過重複一些正能量的句子來給自己加油打氣。可在做這些事情時，你心中的潛臺詞又是什麼呢？不妨先仔細觀察一下自己，因為這對瞭解你內心的真實想法有非常重要的作用。

一次公司年會上，老闆在臺上宣布此次抽獎中中獎的員工能得到現金紅包、手機、電腦等獎品。坐在台下的員工一下子都興奮起來了，我相信，當時大家的願望都是一樣的，都希望自己能夠中獎。

當然，我也不例外。我一邊習慣性地在心裡默唸「抽到我，抽到我，抽到我」，一邊緊張地關注著臺上的抽獎活動。這時，我心裡突然冒出一個聲音，「你怎麼可能中獎，你一直都是好運

絕緣體。」這個想法嚇壞我了，雖然我強迫自己不去理會它，但此刻我的腦海裡已經開始浮現別人中獎，而我在台下羨慕、嫉妒的場景。

我心裡很清楚，這才是我真正相信的，雖然我嘴裡一直唸叨著想要中獎，可我並不相信自己能中獎。這是我第一次清楚地意識到，一直以來，我的願望和想像竟然是互相衝突的。

我相信肯定不只我一個人這樣，每個人都希望自己能夠成功，但想像力卻總聚焦於事與願違的情景上。

擁有積極思考、正面想像的能力是十分重要的。

我的目標是⋯⋯

別傻了，我肯定不行⋯⋯

表面的目標是

我的真實想法

透過不斷的刻意練習，可以讓有意識的行為變為下意識的行為。比如繫鞋帶，當我們熟練後，它就變成下意識的行為了，即便我們在走神或狀態不佳的情況下也能輕鬆完成。

但是，人們在競爭中會不自覺地緊張起來，還會出現許多干擾自己思維的想法，這會影響無意識行為的發揮，導致動作變形、表現失常，失誤不斷。

這樣的例子十分常見，求學時期，經常會有一些平時成績很好但一到考試就考砸的同學，而這就說明，要想獲得成功，只在技術和專業上進行大量的刻意練習是不夠的，我們還需不斷地加強自己的心理素質，讓自己能夠更加穩定地發揮，這樣我們才能在競爭中脫穎而出。

不知大家是否留意過這樣一種現象，任何領域具有傑出成就的人，往往都有自己的信仰。

信仰其實是一種積極的心理暗示。正確使用信仰的力量，可以緩解焦慮情緒、提升歸屬感、增強自信，以及增加自我的抗壓能力。

成功人士往往更加擅長借助信仰的力量來增加自己的抗壓能力，同時信仰還能增強我們的自信，消除負面思想，使我們在競爭中穩定發揮甚至超常發揮。他們採用的方法有不斷地重複正能量語句、透過想像來體驗自己成功後的樣子，或是做出某種特定的行為來給自己正面的暗示等等。

　　記得之前看過一場跳高比賽，俄羅斯名將伊蓮娜・伊辛巴耶娃在前幾次跳高中都失敗了，最後一跳前，她坐在場地中用大毛巾將自己蓋住，在這個「小帳篷」中她重複了幾遍自己的「咒語」後進行了最後一跳，結果這次她表現得十分完美，並且成功打破了紀錄。伊辛巴耶娃所使用的方法正是運動心理學中的「積極心理戰術」。

　　英國桌球名將、現為《泰晤士報》知名專欄作家的馬修・薩伊德說過：「在運動心理學中，這種現象的訣竅需要你將其與宗教分離，你的樂觀精神不再需要某種全能的神插手干預，而要建立在『過度』自信帶來的效力上，透過相信自己有能力如願以償來掃除疑慮⋯⋯當然了，這不僅適用於運動員，我們每個人都需要與事實不同的安慰劑來幫助我們達成目標。」

　　其實很多人都會低估心理作用對個人發展造成的影響，甚至有人會覺得心理作用是短暫的、膚淺的、不可靠的。這更是極大的誤解。

　　美國著名心理學家羅森塔爾曾做過這樣一個實驗。他將一群小白鼠隨機分為兩組，然後將兩組小白鼠分別交給 A、B 兩名工作人員。他對 A 說：「你的這些小白鼠是很聰明的，今後由你來負責訓練牠們。」然後他對 B 說：「這些小白鼠智力很一般，請盡量訓練牠們。」

　　一段時間後，羅森塔爾設計了一個「考試」項目，他用讓這群小白鼠穿過迷宮的方式來進行測試，「考試」結果顯示，被告知小白鼠很聰明的那一組在測試成績上明顯優於沒被告知的。

　　這個結果讓羅森塔爾大為震撼。隨後他又在一所小學裡做了一個類似的實驗。他們從一至六年級各選了3個班，對這18個班的學生進行了「未來發展趨勢測驗」。之後，羅森塔爾以讚許的口吻將一份「最有發展前途者」的名單交給了校長和相關老師，並叮囑他們務必要保密，以免影響實驗的正確性。其實，名單上的學生是隨機挑選出來的。8個月後，羅森塔爾和他的助手們對那18個班級的學生進行複試，結果奇蹟出現了：凡是上了名單的學生，成績都有了較大的進步，並且他們性格活潑開朗，自信心強，求知欲旺盛，更樂於和別人打交道。

　　這就是著名的羅森塔爾效應，即期待、預言或暗示都會影響人們的行為，以使自身的表現、所處的情境等適應這一期待、預言或暗示。

　　羅森塔爾效應的重要性不僅在於它是教育心理學裡的重要理論，它更向我們揭示了一個道理：期望、影響、預言或暗示等心理作用是有著實實在在的影響力的，它會影響個人的發展，最終自證預言。

　　自證預言指人們會不自覺地按照自己已經認定的預言來行事，最終證明預言的成立。他人對我們的期望、影響、預言屬於

外源暗示；我們對自己的看法、想像、回顧過去的經歷等，則屬於自我暗示。

外源暗示通常是透過影響自我暗示來產生作用。自我暗示則會在潛移默化中影響著我們的行為和發揮，最終導致我們所處的境遇真的如暗示結果一樣。你相信什麼，就可能得到什麼。

不知道大家有沒有發現這樣一個問題，我們在手機軟體上經常搜索或閱讀某類資訊，該軟體就會一直向我們推送相似的內容。這是因為手機軟體會透過提取關鍵字來記錄你的搜索偏好及閱讀偏好，從而將帶有同類關鍵字的內容推送給你。

一次我無意中打開我媽手機中的某款資訊軟體，著實嚇了一跳，平臺推送的內容幾乎都與家庭糾紛相關，內容大都是關於爭吵、出軌、離婚等，我媽平時就特別喜歡看這類節目，一邊看還一邊替主角打抱不平，有時還會為節目評委的犀利點評叫好，她越愛看這類節目，軟體就越是將更多同類的視頻推送給她，看得越多，她的情緒就越容易受到影響。而自證預言和這種平臺推送機制十分相似。

當你在主觀上相信一個觀點時，你就會本能地去尋找能夠支援該觀點的資訊和證據，而這些資訊又會誘使你去尋找更多的相關資訊，因此你就陷入了一個閉路循環中，這不僅會使你更加相

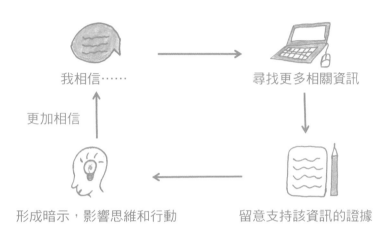

我相信……　　　　　　　　尋找更多相關資訊

更加相信

形成暗示，影響思維和行動　　　留意支持該資訊的證據

信眼前的觀點，還會影響你的思維和行動，最終使之變成你潛意識中所相信的那樣。

　　如果你所相信的事物是正面的、積極的，你就會找到更多能夠支援這個信念的正面資訊和證據，從而使你變得更加積極樂觀。但如果你所相信的事物是負面的、消極的，你便只能找出支持這個信念的負面資訊和證據，這樣你也會變得更加消極和悲觀。因此，當你接受某個觀念時，你就踏上了尋找證據、創造證據並不斷進行自我暗示的道路。

　　我讀小學四年級時，班上新來了一位語文老師，我非常喜歡她，她交代的週記、作業我都會很認真地完成，雖然我寫得並不好，但我的態度十分積極。一次我去找她拿作業，她看到我走進辦公室，就和我開玩笑說：「瞧，小作家來了！」

　　現在想想，當時老師的一句玩笑話，竟成了我人生的預言。如今我真的成了一個自媒體作家，是老師的預言準確無比，還是老師獨具慧眼，看見了我的未來？顯然都不是。這不過是我相信了老師的那句話，不斷地進行自我暗示的結果。

　　自我暗示可以是積極的，也可以是消極的。你不妨觀察一下自己平時的言行舉止是積極的暗示多，還是消極的暗示多。

　　在生活中，我們可以透過不斷的自我肯定和積極的想像，將願望和信念調成一致。不過，主動給自己積極的暗示，可能會讓你覺得這是在自欺欺人，你會告訴自己，事情不可能會這麼順利，你從來沒有這樣幸運過。與想像自己成功的情形相比，把事情往壞的方面想反而更容易、更讓人感到放鬆。這是為什麼呢？這裡涉及一個概念——認知閉合需要。

　　認知閉合需要指的是人們在面對一個模糊或複雜的問題時，會有一種給該問題找出一個明確答案的需求。在尋找答案時，人們傾向於採取簡單粗暴的方式來避免自己動腦筋和實踐。可以這樣說，答案是什麼並不重要，重要的是找到一個答案來獲得確定感。

　　在尋找答案的過程中，人們往往會犯兩種錯誤。一種是喜歡從自己之前的經驗中尋找依據，另一種是別人說什麼就是什麼。

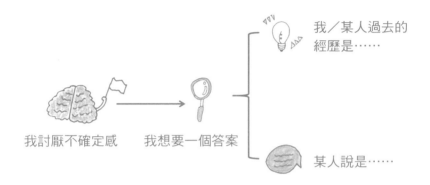

我們天生討厭不確定感，可未來會發生什麼恰恰是極不確定的。我們一想到未來的不確定就會自然而然地感到焦慮、迷茫、不安，還會生出許多其他想法來干擾我們的思維。為了消除這種不確定感，我們會本能地給不確定的未來找出一個確定的答案。

比如你去參加一次重要的面試，你為此付出了許多努力，可面試的結果是面試官讓你回家等消息。其實等待結果對你來說是最難熬的。你的腦海中一會兒浮現出自己面試表現不錯，這次面試肯定能夠成功的想法，但下一秒又會想到面試官的一個嚴肅表情，感覺他對自己的表現並不滿意。因為結果的不確定，你會一直處於忐忑不安、坐臥難寧的狀態。

我們的大腦太瞭解這種感受了，所以它會急於找出一個明確的答案，來終結這種不確定感。

　　對於未來，比起想像美好的結局，把事情往壞處想更容易讓人接受。因為與得到相比，我們更害怕失去，如果能夠避免失去，我們寧願從來沒有得到過。

　　還記得我在前面舉過的例子嗎？在公司年會上，雖然我的願望是中獎，但我卻會想像自己並沒有如願以償的樣子。當抽獎還沒有開始時，我對獎品並不寄予厚望，是我不希望自己被抽中嗎？不是，比起中獎我更害怕自己滿心歡喜，卻與獎品失之交臂。那種強烈的心理落差會讓我更加難以接受。

　　但如果我事先想像的結果是自己沒有中獎呢？既然我心裡已經有了最壞的打算，所以不管未來結果怎樣，至少我不會失去什麼。當結果是好的時候，我會有意外之喜，當結果不好時，我也不會感到意外，反而能用「我早就知道」來安慰自己。

　　我們對未來傾向於悲觀的預測，不過是一種自我保護機制。雖然這樣做確實能讓我們感覺好受一些，但除此之外別無益處。聽憑內心活動肆意滋長是十分危險的，我們要勇敢地從過去的自我保護機制中走出來，學會主動對內心活動加以限制，利用積極暗示給自己的成功增添助力！

第十一節 正確看待消極情緒

消極情緒的產生是每個人都無法避免的。

我看過一部叫《億萬富翁的有錢人生》（Who'd be a Billionaire）的紀錄片，這檔節目專門為觀眾展示超級富豪們的日常生活，從富豪的豪宅、用人及保鑣，再到價格高昂的藝術品、豪華轎車、私人飛機和遊艇等，無不透露出富豪們奢華的生活。

當然，網友的評論也都很有意思。大部分網友認為，如果自己也能像他們一樣有錢，就不會再有煩惱了。可耐人尋味的是，在紀錄片的開頭，一位主持人卻說了這樣一句話。她說：「超級富豪快樂嗎？可能比超級窮人快樂吧！」不少網友紛紛覺得，主持人肯定是因為嫉妒才這樣說的。

本來我也是抱著觀摩富豪們無憂無慮的生活的目的去看這部紀錄片的，可讓我感到意外的是，原來已經走向財富巔峰的他們，也會有許多不開心。他們同樣也會對未來產生恐懼，也會遇到各種各樣的人際問題，事業也會不順，感情上同樣也害怕被欺騙。

可見消極情緒是不會看在你事業有成、有錢有勢的分上就少折磨你一點。其實有錢人的煩惱一點也不比普通人少。

既然每個人都會有消極情緒，那麼提高應對消極情緒的能力就顯得尤為重要了。在這裡需要補充說明的是，提高應對消極情緒的能力並不是說你以後一直都能開開心心的。它只能在消極情緒向你襲來時，讓你能夠用更加合理的方式來處理。

正確看待消極情緒

一說到消極情緒，人們就會本能地覺得它是不好的。在本章的第二節中我就曾談到，消極情緒會讓人們感覺很壞，還會干擾人們正常的思考和行動。正因如此，我們更容易採取抗爭的方式來抵抗消極情緒。但這樣做往往是徒勞的。

消極情緒本身就「來無影，去無蹤」，上一秒你還心情很好，可下一秒也許別人的某個眼神，就會讓你原本的好心情蕩然無存。情緒不是你招之即來，揮之即去的，它們並不服從你的管理。

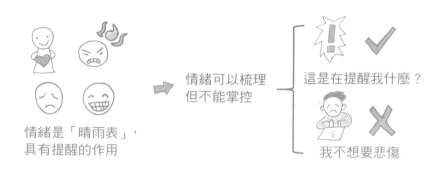

情緒是「晴雨表」，
具有提醒的作用

情緒可以梳理
但不能掌控

這是在提醒我什麼？

我不想要悲傷

在我看來，情緒就像是「晴雨表」，具有提醒和回饋的作用，它通常反映的是我們生活中的某種境況。負面情緒也是如此。比如，焦慮會讓我們感到恐慌和不安，但它卻能夠引導我們盡快採取措施來挽救局面，突破困局。負面情緒是人們正常的情感反應，傷心、難過再正常不過了。解決問題的關鍵並不是寄希望於找到一個徹底消除負面情緒的方法，而是鍛鍊自己應對事件的能力。

當消極情緒來臨時，我們需要做的並不是讓大腦「警報」響起，想盡一切辦法將消極情緒趕走。也許我們更應該問問自己，到底是什麼原因導致了我們消極情緒的產生？就如同你的手指受傷了，你感覺很疼，你關注的焦點不能只停留在疼痛的感覺上。痛感只是一個信號，它是在提醒著你，向你回饋「你的手指受傷了」這個事實。你應該做的是根據這個痛感去尋找傷口，將傷口治好，或控制傷勢不再進一步惡化。

　　探尋產生消極情緒的源頭也許會讓你十分抗拒，畢竟這種感覺已經很不好了，很難再逼著自己重新撕開傷口去尋找答案。很多時候，消極情緒的背後都是我們不堪回首、刻意逃避的過去。即便如此，我們還是應該鼓起勇氣，帶著開放和包容的心與過去和解。因為，只有這樣你才能真正釋懷。

　　就拿我來說吧，大學剛畢業那兩年，我活得十分焦慮。用我媽媽的話來講，那時的我就像是一個隨時會被引爆的炸彈。當時我很少出門，幾乎不和外面的人接觸，一心撲在寫作上。

　　直到我的寫作有了一定的收穫，我才漸漸恢復了人際交往。但這時我又發現了新的問題。在我生活的城市裡，我的工作很難被別人認可。因為這裡的人覺得，只有編制內的工作才算是正經工作，不在編制內的工作只能稱為打工。我這種「散兵游勇」就更上不了檯面了，甚至被直接稱為「沒工作的人」！

　　記得有一次，遠方親戚家的孩子畢業後進了一家事業單位工作，他們家大擺酒宴慶祝。與此同時，和他年齡相仿的我則被長輩們輪流「約談」，話題大都是「趕緊找份正經工作」「女孩子如果沒工作不好找對象」「別自己瞎晃了，沒工作就找個好人家嫁了，相夫教子的生活也挺好的」。

　　可想而知，我當時的心情是何等的失落。回家後我大哭了一場，我從來沒有如此傷心、憤怒、無助過。我甚至發誓，等我功

成名就的那一天，我會開著豪車，以炫耀的姿態請他們吃飯，讓他們好好看看我是多麼屬害。

　　後來，我與閨密談心，將這件事情一五一十地告訴她，閨密說：「你為什麼要哭？你應該在心裡嘲笑他們的無知啊！」這句話猛然將我點醒，是啊，我為什麼會如此傷心、憤怒？難道我是急於想向他們證明些什麼嗎？難道我內心深處的自己也認同他們所說的話嗎？

　　我第一次鼓足勇氣，扒開內心的傷口。是的，我太需要別人對我的認同了。從小家境貧寒的我，太渴望在長大後取得一番成就，讓父母過上富足安逸的生活，讓曾經嘲笑我的人刮目相看。

　　是的，他們所說的種種，其實我內心中是認同的。自由撰稿人獨自打拚，收入不穩定，多多少少還是會羨慕「鐵飯碗」的旱澇保收。想到這些，困擾我良久的消極情緒，反倒像洩了氣的氣球一般，此時，我竟也多了一點理解、多了一份釋然。

　　至今我的工作依舊難以被小城市的人們接受，每當不被認同時，我心裡依舊會感到些許不快，但那種負面情緒卻減少了許多，我也漸漸找到了「走自己的路，讓別人說去吧」的感覺。

　　從表面上看，引起消極情緒爆發的原因多種多樣，但其背後的根源也許只有一個。許多人產生消極情緒的「病根」或多或少都源於原生家庭或過去某段經歷。長大後，這往往也成了他們抱怨的理由，讓他們覺得正是因為小時候的某種經歷造成了自己現

在的這種境況。

　　著名作家和菜頭曾說：「自卑就是自卑，內向就是內向，心胸狹窄就是心胸狹窄，格局不足就是格局不足，這和家境是否貧寒，童年是否缺愛，並不構成必然的因果關係。」

　　對此，我不能完全認同。我們無法否認原生家庭對個人成長產生的影響，當然，我們也不能以此為藉口，將自己過去和現在所犯的錯和自身的缺點全都拋給原生家庭，推卸自己的責任，一味地抱怨責怪。畢竟，成年後的我們是有充分的選擇權的，是可以透過自己的努力漸漸做出改變的。但想要真正鍛鍊自己應對消極情緒的能力，就不能一直陷入當前情緒，而要在悲傷來臨時勇敢地追本溯源，找到內心的傷口所在。

　　如果在夜深人靜時你突然回想起一件往事，或是別人說過的某句話，然後你立刻又強迫自己轉移注意力不去想它；如果別人的某個舉動就能刺痛你的內心，讓你大為光火，而你只能以發洩情緒、自我放縱的方式來逃避，那麼基本可以肯定這是你試圖掩蓋的一個傷口。這是經驗性迴避。這種迴避除了能減輕你當時的痛苦外，沒有任何好處，反而還會將需要你直面和釋懷的問題給掩蓋下去。

　　我曾認識一個女生。她覺得自己長得不好看卻又無力改變，她打心眼裡覺得不會有人喜歡她。當她和不熟的人交流時，格外

緊張，不敢直視對方的眼睛，說話也很小聲，因此她的社交活動很少，除了上班就是待在家裡。

　　她不自信的根源就在於她覺得自己的外貌很平庸，想必她也有著一段與外貌有關的痛苦回憶吧。而這些她不願再回想的記憶，讓她選擇了經驗性逃避，整天待在家裡不和陌生人打交道，除了工作哪兒也不去。

　　她這樣做，的確能起到一些減少消極情緒的作用，但我們也能發現，這樣的做法其實並不利於她日後的發展，弊遠大於利！

　　在電影《心靈捕手》中有這樣一個情節，麥特・戴蒙所飾演的威爾是一個天才少年，威爾很愛他的女友史凱蘭，但威爾覺得一段感情越是親密就越預示著即將走向破裂。威爾相信，當女友真正瞭解他的時候，就會發現他的缺點並且嫌棄他，最終選擇離開他。

　　所以當女友提出讓威爾和她一起去加州時，威爾拒絕了，他選擇主動結束這段戀情，即便他選擇拒絕的那個人是他的最愛。威爾為什麼會在戀愛時有這樣的觀念和行為呢？

　　一切都是源於他童年的不幸遭遇。威爾從小就遭到父親和寄養家庭的虐待，這讓他覺得他所遭遇的一切都是自己的錯，所以他註定得不到別人的愛。長大後的威爾，將小時候的痛苦回憶封存起來，他選擇用做一個吊兒郎當的問題少年的方式來逃避過

去，如果不是藍波教授和西恩教授對他的幫助，也許他這輩子都
會為逃避過去而不斷地放縱自己，直至毀掉整個人生。

影片最後，西恩教授拿著寫滿了威爾受虐經歷和出格紀錄的
檔案，不斷地告訴威爾這不是他的錯，直到威爾抱住西恩失聲痛
哭。此時，威爾才真正敢於面對自己痛苦的過去，痛哭過後，他
也漸漸釋然，於是他決定去加州尋找自己的愛人。

每個人或多或少都有回憶的「雷區」，但一味地掩蓋和逃避
是無法真正解決問題的。俗話說時間是治癒傷痛的良藥，但前提
是你是否願意正視這些傷痛。

因此，在消極情緒來臨時我建議大家，先別急著安撫自己或
強迫自己轉移注意力，我們不妨將其看作一個提醒，或是一次考
驗，甚至是一個與過去和解的機會，然後「以毒攻毒」，順著消
極情緒檢視其中的人和事，多問自己幾個為什麼，然後找到情緒
背後真正讓自己傷心的原因，再對症下藥。

消極情緒來臨時，盡量避免反芻式思考

前面講了應對消極情緒的方法。但實際生活中，我們在處理
消極情緒時很容易陷入反芻式思考。反芻式思考即當人們經歷了
一些不好的事情後，對該事情的負面情緒及當時的言行舉止等進
行反覆的回憶和思考。

很顯然，反芻式思考並不是積極的反思，而是一味地讓自己沉浸在負面的回憶中，去聯想、過分解讀、做無意義的假設，這是一種「無果」式思考。由此可見，當你進入反芻式思考時，不僅無法有效地解決問題，反而還會不斷地強化我們的消極情緒。

還記得那個體現男女思維差異的網路段子嗎？女生在日記中寫道：「昨天晚上的他真的是超級超級反常，原本我們約好了一起去餐廳吃晚飯的。但我和閨密去逛街，所以遲到了一小會兒，可能他有些不高興了。他一直對我很冷淡，氣氛尷尬極了。後來我主動讓步，畢竟是我遲到了，所以我說：『我們都退一步，大家好好交流一下吧。』

「雖然他表面上同意了，但還是繼續沉默，一副心不在焉的樣子，我問他到底怎麼了，他卻一直說沒事。後來我問他，是不是因為我遲到惹他生氣了。他說這事跟我沒關係，還讓我不要管。天哪！他竟然這麼冰冷地說和我沒關係。

「在回家的路上我對他說我愛他。可是他只是繼續開車，一點反應也沒有。我真的搞不懂，他為什麼沒有像平常一樣對我說：『我也愛你。』

「我們到家時我感覺到我可能要失去他了。他已經不想跟我有什麼關係了，他不想再理我了，他坐在沙發上什麼也不說，只是悶著頭，無精打采地看著電視，當我是空氣一樣。

「我只好自己先上床睡覺去了。十分鐘後他爬到床上來睡

覺。儘管如此，我還是能夠感覺到他的心思根本不在我這兒！我真的不知道自己做錯了什麼讓他如此生氣，還是說他早就變心了？這真的讓我太心痛了，我決定要跟他好好談一談。可當我坐起來時卻發現他居然已經睡著了！我只好又躺下，默默地流淚，哭著哭著就睡著了。我現在非常非常地確定，他肯定有別的女人了，他肯定要和我分手，開始一段新的戀情。天哪！我活著還有什麼意義？」

男生在日記中寫道：「今天勇士隊居然輸了……」

段子中女生的日記完美詮釋了什麼是反芻式思考。我們可以發現，女生從發現男友在約會中不開心、心不在焉，到隨後進行的一連串的思考，都是被消極情緒牽著鼻子走，她一直是被動的。在經歷了一次她認為不愉快的約會後，她一直在問自己：「這是為什麼呢？」為了找到原因，她一次又一次地回想整個事件。

如：到了餐廳後男友生氣了，是不是因為自己遲到了呢？又比如，上一次打電話時男友還好好的，是不是自己說錯了什麼話？不僅如此，她繼續觀察男友，蒐集了一大堆男友真的在生氣的證據，如主動說話男友卻不領情、主動告白男友卻不回應等等。

她一次又一次地回憶整個負面事件，控制不住地想要找到男友生氣的原因，是自己做錯了事情、說錯話了，還是男友真的變心了？此時的回憶其實已經沒有任何意義，只剩下她過分的解讀

和負面聯想罷了。即使男友的一個小小的舉動現在都可能會被她直接定義為他不再愛她的證據。

由此可以看出，反芻式思考只會讓我們在消極情緒中越陷越深，痛苦、壓抑、焦慮。為了安撫自己，我們可能還會採取酗酒、瘋狂消費、暴飲暴食，甚至用自我傷害等行為來發洩這種消極情緒，陷入惡性循環之中。

當我們經歷負面事件，消極情緒來臨時，我們一定要警惕自己陷入反芻式思考的怪圈。我們可以觀察自己是否在不斷地回憶、想像某個負面事件；是否在逼著自己回憶細節以找到原因和證據；是否在幻想著如果當初自己不這樣做結果會怎麼樣，自己所思考的內容是否是消極、負面且無用的。如果是，那就證明你已經在進行反芻式思考了。

此時，你可以拿出一張紙，用筆在紙上寫下你剛經歷了什麼事情，或你當前有什麼困擾，需要解決什麼問題。注意，簡單陳述即可，不要聯想或過度解讀。

寫完後將紙折好，夾在書裡或放到抽屜裡。然後設法讓自己忙起來，盡量做一些能夠轉移自己注意力的事情，比如打羽毛球、看電影、做手工、玩遊戲、拼圖等。

反芻式思考是無法有效解決問題的，它只會讓你在負面情緒中越陷越深。

第十二節　學會自我觀察

　　我一直覺得自我觀察對個人是十分重要的，但讓我感到意外的是，這項能力卻被很多人所忽視。

　　我們真的瞭解自己嗎？答案可能是否定的，即使我們覺得已經非常瞭解自己。人類是受制於習慣的動物，日常生活中絕大多數任務都是透過機械性的重複完成的。這種重複的可怕之處在於其自然性，我們在做這些事情時完全是下意識的、自發性的，是一種習慣。

　　此時，習慣的好壞就顯得尤為重要了。好習慣能持續為我們帶來各種益處，壞習慣則會將我們置於墮落的泥潭中，同時對我們的生活、工作、學習、人際交往、戀愛婚姻等產生負面的影響。

實際上，我們經常會制定出各種計畫，嘗試去改掉自己的壞習慣、培養好習慣，可結果往往不盡如人意。導致我們屢屢失敗的原因究竟是什麼呢？

一是我們對習慣養成的原理、自控系統和意志力等不夠瞭解；二是我們根本不瞭解自己，從來沒有去瞭解內心深處真正的自己。

其實瞭解自己最好的方式就是自我觀察。把自己作為研究對象，觀察自己日常生活中有哪些習慣，具體的習慣迴路（暗示──慣常行為──獎賞）是如何運作的，以及進行某個行動時有哪些負面情緒、有哪些是不必要的思考，或者有哪些行動阻礙等等。

為什麼要透過觀察來瞭解自己呢？我覺得這對個人來說是一項重大的改變。在此之前，我們是處於「當局者迷」的視角，每天「混混沌沌」地過日子，將自己的習慣當作自己理性思考的結果。但透過自我觀察加強對自己的瞭解後，你就處於「旁觀者清」的視角，能夠觀察到自己之前所忽略的東西。透過自我觀察，你將能夠蒐集到更多的資訊。

商業公司為了能推出更受使用者喜歡的產品，都會進行市場調查，同時還會對產品進行內部測試。這些都是為了蒐集有效資訊和資料，傳遞給產品設計和活動行銷等部門。

其實自我觀察也是一個資訊蒐集的過程，因為這樣能夠幫助

我們制定出更加適合自己的計畫，以此來提高自身任務執行的成功率。

那如何在日常生活中有效地觀察自己呢？我要分享給大家一個小方法，這個方法側重於觀察自己在執行計畫時的心理活動、意願和執行障礙等，很適合在培養習慣的初期使用。

首先，將你希望養成的好習慣寫下來，也許你寫了很多，但我建議你根據自己目前的實際情況，從中挑選出最多三個你當前最渴望或最需要養成的好習慣。比如，每天喝五杯水，每天早上五點起床閱讀一小時，每天貼牆站立十五分鐘。然後將這三個項目填寫到下表中。

每日刻意行動觀察紀錄表

每日刻意行動	每日完成情況	願意程度（10分）	想法／靈感	障礙／問題	嘗試解決	解決效果
喝五杯開水						
五點起床閱讀一小時						
貼牆站立十五分鐘						

　　選擇好要養成的目標習慣後，沒必要百般思索如何制定出一個完美的養成計畫。因為這個世界上完美的計畫是不存在的，與其在腦海中不斷地臆測和遐想，不如身體力行地去做，那些回饋出來的資訊和問題才是真正對你有所幫助的，而隨後我們可以根據這些資訊對計畫進行再次調整。比如，在第一天執行計畫後，你可以這樣填寫表格。

每日刻意行動觀察紀錄表

每日刻意行動	每日完成情況	願意程度（10分）	想法／靈感	障礙／問題	嘗試解決	解決效果
喝五杯開水	喝了五杯水	10分	對於喝水量無明確標準	工作起來總忘喝水，不愛喝白開水	準備便攜保溫杯，杯子貼好便箋並放到辦公桌上，工作三十分鐘休息時喝水，每日喝八杯水	
五點起床閱讀一小時	沒有完成	-10分	感覺好痛苦，做不到	五點不想起床，睡不醒	前一天晚上九點睡覺	
貼牆站立十五分鐘	站了五分鐘	5分	站立容易，堅持很難	站兩三分鐘就很累，無聊	一邊站立，一邊戴耳機聽歌	

　　透過一天的執行後，你發現了許多問題，其中「五點起床閱讀一小時」完成得不是很理想，也是你最頭疼的。透過兩天的實踐和觀察你發現，當五點的鬧鐘響起時你依舊睡意濃濃，完全沒睡飽，根本不想離開暖烘烘的被窩。

　　鬧鐘響了卻還沒睡夠，說明到了規定的時間點我們的睡眠還沒達標，這時你就應該反思：是不是昨天睡得太晚了？如果是的話，那就規定自己以後每天晚上九點準時睡覺，這樣才能保證八小時睡眠時間。

　　如果你發現自己前一天確實是九點上床的，但入睡時間晚，此時你就要回顧到底是什麼原因導致你入睡很晚。是因為玩手機，還是因為胡思亂想？然後再根據發現的問題使用相應的對策，最後再將其填入表格中。

　　我們需要每日填寫這個表格，持續記錄我們在執行過程中發現的新問題、新靈感，並追蹤使用對策後的解決效果。

　　可以看出，借助這個表格每日進行目標明確的自我觀察，能夠蒐集到許多我們平常沒注意到或不夠重視的資訊。在這個過程中，切記不要進行自我評判，或嚴厲地苛責自己。你需要的是耐心地完成這項工作。因為你所蒐集的資訊都是你所遇到的實際問題，只有將這些問題解決好，你才能真正地將計畫落實到實際行動中。

　　如果你還是像過去一樣，期待制定出一份完美計畫。在執行的過程中一旦發現回饋的效果不佳就批評自己、埋怨自己不夠努力，然後不斷地給自己施壓和鼓勁，計畫第二天再重新設計出一份完美的計畫。這樣忽略自己遇到的問題，一味地給自己「打雞血，喝雞湯」，只不過是將之前的窘況又一次複製貼上而已。但學會自我觀察後就不一樣了，你可以根據回饋的資訊對計畫進行改進和調整，讓自己每天都在解決問題，都在進步。你還會發現，當你不再將是否完美完成任務作為唯一評判標準後，你在執行任務時的阻力也將大大減小。

　　很多時候並不是事情本身太難，而是因為自己制定了太多的條條框框，讓它看起來很難完成。你一定要記住，在自我提升、養成自律的道路上，擁有一個開放、平和的心態是非常重要的！

第十三節 「0＋1＋N行動法」，攻克懶癌的秘訣

　　還記得我在前文中提到的引起自我損耗的五個重要因素嗎？我們再來回顧一遍，它們分別是：努力程度、感知難度、消極情緒、主觀疲勞和血糖水平。其中，努力程度和感知難度恰恰將我們對外界的認知分成了三個區域：舒適區、學習區和恐慌區。

　　舒適區是我們個人認知能力的「安全區」，該區域的事情往往是我們得心應手的，努力程度低，難度感知低，因此對我們自身意志力的耗損也相對較小。

　　而離舒適區越遠，所需要付出的努力就越大，自身難度感知也就越高，對我們的意志力損耗也就越大。你的計畫和目標決定了你將處於哪個位置，目標越大、計畫越繁重，對於你來說就越難，需要付出的努力越多，對意志力損耗也就越多。

當你明白這個道理後，就不難理解為什麼自己辛辛苦苦制定的計畫，總是無法落實。其實這並不是因為你「爛泥扶不上牆」，只是你將自己置於一個損耗更大的區域中，還沒一展身手，意志力就已經「餘額不足」了，你根本無法支撐接下來的這筆自控「支出」。

其實我們完全沒必要去比拚誰的目標大、誰制定的計畫更多，這沒有任何意義。要比就比誰能做得到，誰能堅持得更久！

那麼，我們既要離開舒適區，又要盡可能地減少意志力的損耗，以維持自控系統的正常運轉，怎樣才能同時滿足這兩個要求呢？唯一的做法就是站在舒適區的邊緣，向學習區的方向邁出一小步。我給它取名為「0＋1＋N行動法」。

「0＋1＋N行動法」指的是你在確定了想要養成的習慣或需要完成的任務後，向前邁出一步即可，走完一步後再決定是否繼續走下去。不願意的話就停止不走，願意的話則繼續再走一步，直到自己願意結束為止。

這樣解釋也許你會覺得莫名其妙，不過沒關係，我舉個例子你就明白了。其實很多事情本身並未處於恐慌區，而是位於學習區。只是我們給它們列出的數量、強度等額外要求讓其處於恐慌區。

就拿寫作來說，很多人覺得寫作很難，雖然大家都知道堅持

寫作有很多好處，可就是覺得自己做不好，也堅持不了。這完全是因為我們心中對寫作有太多的要求。

　也許是因為我們從小受到的教育讓我們覺得，寫作就等同於文學創作，一想到寫作就想到那些文學大家的經典作品。這樣一觸碰到寫作，就覺得這是一件門檻很高的事情。可在我看來，寫作並不等同於文學創作，它只是一種自我想法的表達方式而已，就像說話一樣。說話是將想法用聲音的形式表達出來，寫作則是將想法用文字的形式呈現。而文學創作只是寫作的一種形式，我一直覺得，將自己的想法和觀點用文字清晰地表達出來，就已經是成功的寫作了。

　卸掉心理的負擔後，我們再來看看：每天寫作10個字，每天寫作100個字和每天寫作1000個字，這三者有區別嗎？

每天寫作〔10個字〕

每天閱讀書籍〔一個章節〕

量詞和質量要求都是對行動本身的修飾

　　其實從行動層面上來看，三者並沒有什麼區別，都是寫作，只是要求的字數有所不同罷了。我們想讓自己完成某個任務或養成某個習慣，最大的敗筆就在於極為重視數量，卻對其真正的核心沒有觸及。而習慣養成的秘訣恰巧在於：重跨度，輕強度。

　　比如，你想要養成堅持跑步的習慣，那跑步就是行動的核心，但這並不意味著你每天跑1000公尺要比跑100公尺更容易養成習慣。將一個行為養成習慣的重點並不在於行動的強度，而在於重複行動的次數和跨度。當你降低行動的強度時自然就更容易堅持下去了，同時也保證了行動的跨度。

今天，我寫了1500個字

每天我寫了100個字，
堅持了30天

養成習慣的秘訣在於提升重複的次數和跨度

　　許多人都會犯一個錯誤，為了更快地見到成效，他們會在短時間內極度用功。一旦發現沒有作用就會立刻變得灰心喪氣。他們認為強度足夠大，就能縮短所需的時間，或是迅速達到某種效果。我會悄悄地告訴你，我媽媽在塗面霜的時候，總是會習慣性

地用很大的力氣。因為她覺得這樣做可以讓面霜更好地被皮膚吸收，但事實並非如此，我媽媽臉上的皺紋一如既往的多。她用力塗抹的行為並沒有讓皮膚吸收得更好，反倒傷害了皮膚。

　　我們在制定行動計畫時要盡可能地簡單直接，不要太分散，或開列太多的條條框框，尤其是在透過刻意行動來養成習慣的初期。因為在該時段內，這種行為還未形成習慣，執行過程十分刻意，此時太多的條條框框只會分散注意力、喧賓奪主，影響執行效果。我們要先將行動養成習慣後，再進一步去「提量」和「求質」。這就和騎自行車是同一個道理，踩上腳踏板先將車子起步，此時的阻力是最大的，速度也是最慢的，但當自行車跑起來後，提速就變得容易多了。

　　比如，你希望自己能夠養成每天寫作的好習慣，不要一開始就制定一份要求自己每天寫作1000字或每天寫一篇文章這樣的計畫，尤其是在你之前並沒有寫作基礎，對寫作也並不是十分熱愛的情況下。倘若你非要堅持，那我只能恭喜你，又親手為自己做了一個「空頭計畫」。

　　其實你可以採用「0＋1＋N行動法」，先向前邁出第一步，然後再根據自己的實際情況來決定這一步具體應該邁出多大。我強烈建議你在養成新習慣的初期，最好只制定該行動的最低門檻，千萬不要自以為是地制定過高的目標。

比如，你規定自己每日必須寫作10個字。而每日寫作10個字是最低要求，這對很多人來說都是一件能夠做到的事情，即使你的寫作水平很差。

打開電腦的辦公軟體，新建一個空白文檔，然後開始寫作：「今天，我經歷了一件有趣的事情。」數一數字數，13個字，天啊！這就已經是超額完成任務了，不是嗎？此時你有什麼感覺？是不是還意猶未盡，想繼續寫下去？「0＋1＋N行動法」最大的優點就在於盡量不去制定難度壁壘。如果你還想寫，那就繼續寫下去吧，直到你想停下為止。

第十四節　為什麼要使用「0＋1＋N行動法」

「0＋1＋N行動法」徹底顛覆我們原來制定計畫時的策略與方法。以往我們稍不留神就會在制定計畫時用力過猛，盲目地以最佳狀態為標準來制定任務的執行量。等到執行時才發現，自己不可能每天都鬥志滿滿、意志堅定，因為生活中總會有各種突發事件和不可控因素出現，影響著你的狀態。此時，我們再去面對當初以最佳狀態為標準制定的計畫任務時，就顯得心有餘而力不足了。

在最佳狀態下，你每天寫作1000字是可以做到的。可是怎麼才能達到這樣的狀態呢？是不用工作，放假的時候？是不用加班的時候？是心情很好的時候？是充滿鬥志的時候？還是突然感到壓力，立志改變的時候……

可是，一個星期中你有5天是需要工作的，有時還可能會加班到深夜；可能你本來心情很好，但在上班時被主管批評、被客戶刁難；可能你本打算下班後回家寫作，但好久不見的朋友邀請你吃飯；可能你剛下定決心要每天認真寫作，可父母卻打來電話催婚，讓你務實一點，別再做白日夢了；可能你正在為自己第一次投稿成功而歡欣鼓舞，卻無意間在朋友圈看到朋友買車買房、前任秀恩愛，你又心態失衡，覺得自己為什麼越混越差，絲毫看不到希望……

每天都會有這樣那樣的事情發生，衝擊你的最佳狀態。「0＋1＋N行動法」恰恰和當初的策略相反。既然每天都以最佳狀態來完成任務是一種「奢求」，不如乾脆將這個策略徹底廢棄，改為以最差狀態為標準來制定每天任務的執行量，即只制定每日刻意行動的最低門檻。即便你生病了、和戀人吵架了、失戀了、心情極為低落，或是忙得不可開交，甚至加班到深夜你都可以順利將其完成。

由此可見，不管你狀態好或不好，「0＋1＋N行動法」每天都可以讓你順利地對想要養成的習慣進行刻意的重複練習，狀態好時多練一會兒，狀態不好時就少練一會兒，這樣，我們就能基本保證習慣養成中該行為重複的次數和跨度了。而「0＋1＋N行動法」的好處還有很多。我們只制定每日行動的最低量，這樣在完成任務時對意志力的損耗也變得更少了。

每天寫作10個字，每天跑步100公尺，每天閱讀5分鐘，每天練字5個，每天背3個單詞，每天練習冥想1分鐘……我相信，這些小任務，哪怕是一個意志力極差的人也能夠輕鬆完成。

「0＋1＋N行動法」還有一個優點，即在執行時有足夠的靈活性。

想必大家都有過這樣的經歷吧。原本自己每天的充電計畫進展順利，可突然公司臨時有事，安排你出差、加班、應酬或職務調動，將你原本安排好的計畫攪得亂七八糟。這些問題如果用「0＋1＋N行動法」就能迎刃而解，畢竟它太容易實現了，甚至是在一天即將結束之際，「臨時抱佛腳」也能完成。

當然，對於大多數人來說，「0＋1＋N行動法」雖然有許多優點，可這麼小的行動量真的有用嗎？甚至會有人將其和一萬小時定律相比，從而認為如此微量的行動還不如不做。

美國佛羅里達州立大學心理學教授安德斯・艾利克森和他的同事做過一次這樣的調查。他們的研究對象是來自大名鼎鼎的德國柏林音樂學院的小提琴手，他們將其分成三組，分別為優秀、優異和最傑出。艾利克森說：「在三組學生中，只有一個重要的差別，那就是學生們專心致志地進行獨奏練習所花的時間總和。」他認為：「最傑出的人是那些在各種有目的的練習中花了最多時間的人。」

$$1.01^{365} = 37.8$$
$$0.99^{365} = 0.03$$
$$1.02^{365} = 1377.4$$
$$0.98^{365} = 0.0006$$

差距就是在日積月累中產生的

　　量變的積累會引起質變，差距往往就是在日積月累中產生的。

　　對於這個結論，我們一定是認同的。可這並不代表「0＋1＋N行動法」是錯誤的或其效果是微乎其微的，事實上這是兩個完全不同的問題。

　　「0＋1＋N行動法」是一個培養自律精神、提高自控能力、養成習慣的好方法，它能夠最大程度地破除行動障礙，把一種刻意為之的行為透過不斷的重複昇華為一種下意識的行為，還能夠將一個個計畫落實到行動中，將白紙黑字變為實際行動。

　　但這也並不代表我們每天只用完成最低的任務量就可以達到目的了，它只是作為一個開始，讓你在狀態極差的時候也能完成必要的任務目標，但大多數時候，我們都可以超額完成。這和馬拉松運動員山田本一在自傳中提到的方法有些相似。

　　山田本一曾在1984年東京國際馬拉松邀請賽中奪得世界冠軍，兩年後他在義大利國際馬拉松邀請賽中代表日本隊參賽並再次獲得冠軍。

　　山田本一曾在自傳中說：「每次比賽之前，我都要乘車把比賽的線路仔細地看一遍，並把沿途比較醒目的標誌畫下來，比如第一個標誌是銀行，第二個標誌是一棵大樹，第三個標誌是一座紅房子……這樣一直畫到賽程的終點。比賽開始後，我先向第一個目標衝去，等到達第一個目標後，我又向第二個目標衝去。40多公里的賽程，就被我分解成這麼幾個小目標輕鬆地跑完了。起初，我並不懂這樣的道理，我把我的目標定在40多公里外終點線上的那面旗幟上，結果我跑到十幾公里時就已經疲憊不堪了，我被前面那段遙遠的路程給嚇倒了。」

　　我們在制定目標並為之不懈努力時，又何嘗不是在跑另一場馬拉松呢？如果初期就將完成高強度的任務作為目標，恐怕還沒開始做就已經被嚇倒了，最後很可能連邁出第一步的勇氣都沒有。

　　在「0＋1＋N行動法」中，「1」指的是一個被分解後的小目標。當完成第一個小目標後，我們可以鼓勵自己再完成第二個、第三個，甚至更多個小目標。如果自己今天的狀態確實很差，那就只督促自己完成第一個小目標即可。

也許你會覺得，自己這樣微小的行動，和別人差距懸殊。可你也要明白，你是在和懶癌做鬥爭，和之前的自己做比較。我們也可以一開始就給自己設定一個高強度的目標，但問題是你能做到嗎？你能堅持下去嗎？做不到、堅持不下去，對你來說又有什麼意義呢？

這樣只會又給你增添一次失敗的灰色經歷，過早地消耗掉你的意志力，促使你犯懶放縱，沒有一點好處。與其這樣，還不如耐心地給自己足夠長的時間，「千里之行，始於足下」，允許自己有一個進步的過程，讓自己一步步前進。

一萬小時定律揭示了那些在各自領域中有著出色表現的成功者並非生來就有著過人的天賦，而是他們在各自的領域都付出了長久的努力。「0＋1＋N行動法」則是一個有效的行動策略。

人們一直以為要做就要做到最好，不然還不如不做。我也認為只有做得盡可能多才會有效果，否則根本沒用。事實上，在培養新習慣的過程中，我們往往需要在舊習慣自動「播放」時，透過意志力來叫停並完成新的動作，在重複的過程中，漸漸適應新的行為模式，哪怕每天只是在很簡單的一件小事上進行自控，只要持續的時間夠長，對意志力也是一種鍛鍊，久而久之，一定能收穫意想不到的進步。

第四章

從懶癌到自律達人，
只需要勇敢地走出 N 步

第一節　制定你的習慣養成目標

　　2016年，萬達集團董事長王健林在接受節目採訪時所說的兩句話紅遍全網。想必有些朋友已經開始偷笑了。這兩句話是：「先定一個能達到的小目標，比方說我先掙它一個億。」從此，「一個億小目標」婦孺皆知，它不僅有專屬百度百科詞條，小目標還入選了2016年度十大網路用語。這時，再去談制定一個小目標好像就有些變了味兒，這也從此成了許多人吐槽與自嘲的口頭禪。

　　不過，我們不能只是斷章取義地去看這兩句話，其實王健林在採訪中是這樣說的：「儘管有那句俗話，心有多大舞臺就有多大。但是這個心和舞臺是一個逐漸放大的過程，很多學生一見面或者會談，上來一句話就是我要當首富，我要做世界上最大的公司。這個你得跟他聊，就是哪方面做得最大，從什麼地方開始

的，說不出來。所以我就跟他講，通過我自己的經歷，我覺得有這個想法，想做世界最大，想做首富是對的，奮鬥的方向嘛，但是呢，最好先定一個能達到的小目標，比方說我先掙它一個億，你看看能不能用幾年掙到一個億啊，你是規劃五年還是三年呢，應該到了一個億，我再說下一個目標，我奔10億，100億。」

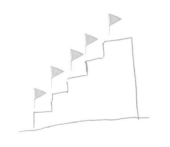

目標要逐漸放大，
從攻克一個個小目標做起！

目標要具體詳細，
不要空洞！

　　王健林的這段話提到了兩個很重要的問題。一是實現目標是有一個過程的，我們不可能一下子完成一個大目標，必須從小目標開始，一步步實現，逐漸將其放大；二是目標一定要具體詳細。很多人誤將願景當成了目標，導致自己制定的目標假、大、空、全。那我們為什麼要制定目標呢？目標就是前進的燈塔，我們透過制定目標讓自己知道應該朝哪個方向努力，並為自己的奮鬥提供激情和動力。

　　從小到大，我們每年都會制定各種各樣的目標，大到學習目標、事業目標、收入目標，小到減肥目標、讀書目標、家務目標等。可事實上，很多人將目標和願望相混淆，制定出的目標也很空洞。除了安慰一下自己蠢蠢欲動的上進心、防止自我嫌棄以外，沒有任何積極作用，有時甚至還會造成後續行動的混亂，完全是在幫倒忙。

　　不能制定假目標！大多數時候我們在確定目標時會很「衝動」。有時是出於羨慕，有時是因為別人說那樣做是對的，有時只是為了緩解自己心中的罪惡感。

　　刷朋友圈時看到同事曬全家出遊的照片，於是你決定明年也要帶父母出去走一走，實際上你只是羨慕同事在海邊拍照後發圖的那種感覺，並非真的喜歡旅遊；看到網上有文章說年輕人應該多跑步練瑜伽，健身不僅能強身健體還能紓解壓力，於是你趕緊辦了一張健身卡，決定一週去三次健身房，其實你內心並不覺得自己有健身的必要，只是因為覺得文章講得很對；最近一週都在胡吃海塞、皮膚爆痘，不用秤都知道自己又胖了好幾公斤，正吃著巧克力蛋糕的你，覺得自己沒用極了，於是暗暗發誓從明天起要飲食清淡、粗細搭配。

　　這樣制定出來的目標，並不是自己內心真正渴望的，當時覺得挺有必要，但卻無法帶來持久的動力，施行幾天後就變得搖擺不定、可有可無。

不能制定大目標！雖然大目標能起到很強的精神鼓勵作用，可在具體實施的過程中卻會容易讓自己有挫敗感。目標過大，往往會超出自己的能力，只能想，卻很難做。我們時常會犯這樣的錯誤，為了瘦身每天不吃晚飯，可實際上一到吃飯時間，肚子就餓得咕嚕叫，根本抵抗不住飢餓，不僅每天都吃，還吃得很多；覺得自己寫字難看，心血來潮買了本字帖，規定自己每天認真臨摹一篇字帖，堅持兩天就選擇放棄了。

上樓梯要一個臺階一個臺階地走，目標也要一點一點去實現。制定目標一定要從實際出發，否則沒有任何意義。

不能制定空目標！前文提到王健林所說的一些學生一來就說要將公司做到世界最大、要做世界首富，這個目標就是空目標，充其量只能算願望，因為沒有具體的規劃。正如王健林所言「哪方面做得最大，從什麼地方開始的」等等，他自己都沒有想好，目標還只是一個大致的方向，連框架都沒有，還談什麼具體的執行呢？

制定目標不能貪多，比如覺得一年的時間很長，一定要多制定幾個目標，不然就浪費了一年大好的光景。於是野心勃勃地給自己定下了收入目標、晉升目標、旅遊目標、學習目標、考證目標等等，恨不得讓自己在一年中成為超人。

之所以制定這麼多目標，是因為我們只是在單純地許願。對於這些目標，我們更多的只是想，卻從未身體力行地努力過。這樣容易掉入「自信幻覺」的「大坑」中，越無知，越自信，越無知，越高估自己，越不做，越覺得時間很充裕。

那麼，如何確保制定目標的有效化，避免犯「假、大、空、全」的錯誤呢？在目標管理當中有個SMART原則。

S即Specific，指的是目標必須是具體的，不能是籠統的。

M即Measurable，指的是目標必須是可以衡量的，具體的指標是數量化或者行為化的。

A即Attainable，指的是目標必須是透過自身努力可以達到的。

R即Relevant，指的是目標必須要與其他目標有一定的相關性。

T即Time-bound，指的是目標必須要有明確的截止日期。

一個合理的目標必須要滿足上述五個原則，缺一不可。當你制定好目標後，可以透過SMART原則來檢查一下自己的目標是否合理，同時還可以將不符合條件的地方進行修改和調整。

大家不妨一起來看看我給自己制定的目標。

養成積極、樂觀、思考的好習慣。

閒暇時多看書。

練習硬筆書法，寫一手好字。

有時間帶爸媽出國旅遊。

可以看出，上述的目標均不符合SMART原則，需要逐一修改。

首先，「養成積極、樂觀、思考的好習慣」，這個描述太空洞了，不符合目標要具體與可衡量的原則，可以將其調整為每天睡前思考一件值得感恩的好事。「閒暇時多看書」，在讀書的數量、閱讀的時間以及閱讀書籍的種類上都不夠具體，可以調整為每週閱讀一本某個領域的經典書籍。「練習硬筆書法，寫一手好字」，每天要練習多久呢？練習的方式是什麼呢？練習什麼字體呢？需要在多長時間內達成目標呢？如果你在這個目標中更傾向於讓自己養成每日靜下心來練字的好習慣，則可以不必加上截止日期。比如，這個目標可以改為每天臨摹一篇行書字帖。「有時間帶爸媽出國旅遊」，大致是什麼時間呢？預算又是多少呢？這樣，這個目標就可以改為明年二月份帶爸媽出國旅遊，存夠旅遊資金10萬元。

這時，我們再看一看修改好的目標清單。

每天睡前思考一件值得感恩的好事。
每週閱讀一本某個領域的經典書籍。
每天臨摹一篇行書字帖。
明年二月份帶爸媽出國旅遊，一年內存到旅遊資金10萬元。

這四個目標中，前三個都是習慣養成目標，第四個是能夠細化成一個個步驟的計畫安排。對於習慣養成目標，我們要先提煉出需要養成習慣的行動，分別為：

每天睡前思考值得感恩的事。
每天讀書。
每天臨摹行書字帖。

這就是我們需要在接下來的日子裡約束自己去刻意重複的行動了。使用「0＋1＋N行動法」，並根據自身情況，想清楚在自己狀態最差時能完成多大的任務量呢？然後制定出自己每日能完成的最低行動量。這樣，再去根據「0＋1＋N行動法」制定出一份有彈性的習慣養成目標清單。

每天睡前思考一件值得感恩的事。

每天讀一頁書。

每天臨摹一行行書字帖。

當然，用「0＋1＋N行動法」整理的目標，從表面上看和之前的計畫在數量、強度都會有一定的差距，上一節我講過，用「0＋1＋N行動法」整理出來的目標只是最低的行動量，是為了讓你在狀態最差、自控力系統近乎失控的情況下也能順利完成。

其實絕大多數情況下你都能做到超額完成任務，這更像是我們在和大腦玩一個遊戲，透過簡單的任務來「迷惑」大腦放鬆戒備、不予抵抗。這樣，當我們去刻意完成時，腦子裡不再是那些讓我們有些膽怯的任務，而是一個個能輕鬆完成的小行動。

與此同時，我也並不建議你在紙上寫著每天讀一頁書，而在實際執行中每天卻以看完一章節為最低標準。我們之所以將行動量最小化，就是為了盡可能地減少對自控力的耗損。比如，你之前沒有練字的習慣，此時讓你打開字帖，一筆一畫地臨摹，你是需要用意志力進行自我約束的。任務量越重、要求越高，完成這項行動的阻力就越大、自我耗損就越多。更多時候不是我們做不到，而是我們不敢做、不想做。

　　用「0＋1＋N行動法」來整理目標，就是將這些阻力全部清除掉，用一個更為開放的心態來執行，不用擔心自己做不到，也不用害怕自己堅持不下去。

　　我的第四個目標是明年二月份帶爸媽出國旅遊，一年內攢夠旅遊資金10萬元。對我來說，最大的困難也許是需要在一年內存到這10萬元的旅遊資金。我需要先將這個難題解決掉。

　　當然，在賺錢這個問題上，我們可能會覺得這不容易做到，直呼「我從哪裡弄這10萬塊錢呢？」如果直接將關注的焦點放在「存到10萬元」的完成狀態上，作為「剁手黨」「月光族」的我們當然會覺得難以實現。可如果我們將這個目標細分成一個個小步驟呢？這樣我們的執行思路就會變得相當清晰，也成功地將焦點轉換到了自己力所能及的事情上。

　　還記得宋丹丹在小品中說的那個經典笑話嗎？

　　把大象裝進冰箱，一共分幾步？三步！

　　第一步，打開冰箱。

　　第二步，把大象裝進去。

　　第三步，把冰箱關上。

　　那麼，在一年之內存到10萬元的旅遊資金要分為幾步呢？這需要根據個人的具體情況來決定。

　　我們不妨先做個假設，以我自己為例。我每月的薪資除了必要開支外還能剩下10000元，這10000元可以用來儲蓄。首先我決定每月從儲蓄部分挪出2500元作為第一部分的旅遊資金，這樣一年內，我能從儲蓄挪出30000元。這是第一步。

　　此時，我還需要解決剩下的70000元。我平時開銷很大，實在省不下錢，每月7500元的強制儲蓄資金有額外的用處，然後我發現在薪水收入這一塊我已經不能再「找到錢」了。如今是互聯網時代，我們可以透過網路將自己的知識、技能、經驗，甚至時間轉換為實際的收益。於是我決定利用下班後的時間做副業！我有什麼特長呢？我有哪些能夠變現的知識技能呢？

　　第二步，發現自己能夠變現的特長、技能以及資源優勢，並找到具體的途徑。我是個作家，擅長寫文案和稿子，平時也有許多相關的工作機會，這樣我在工作之餘，不僅可以透過投稿、幫人寫文案來賺錢，還可以透過寫付費專欄來分享自己的工作經驗獲得報酬。

　　第三步就是從已經明確的賺錢途徑中，找出對自己來說最簡單的那個。比如對我來說，投稿、接付費文案文章是最簡單的，平均每篇稿子可以賺1000元。

　　第四步，要根據自己當前的情況、在不影響正常的休閒娛樂的基礎上，專門挪出一部分時間用於副業。每週完成一篇能賺1000元，一個月下來最少也能賺4000多元，一年我能賺48,000

多元。

第五步，我還可以將自己寫稿的經驗寫成付費專欄來跟大家分享，這樣既能將自己的知識經驗分享給需要的人，又能夠獲得一定的報酬。我可以找支持做付費分享的平台或是小程式，發表我的原創知識文章，這些專欄一般售價為每份50元，因此我需要在一年內將其賣出2,200份，平均每月需要賣出185份，這樣我又能額外賺到22,000元。

第六步，要想賣出自己的付費知識產品，就需要多寫免費的文章來推廣吸引粉絲。我每週至少要更新一篇文章到自己的專欄來做宣傳。

你看，一年內存到10萬元的目標就這樣被拆解成一個個具體的執行步驟。

第一步：每月從薪資中固定拿出2,500元放到儲蓄帳戶中，這樣一年就能攢到30,000元。

第二步：下班後做副業，開發自己能夠變現的特長、技能和資源優勢。

第三步：確定自己最有把握的、最容易起步的賺錢方式和途徑。

第四步：透過在業餘時間寫稿子，每月最少可以賺4,000元，一年就可以攢到至少48,000元。

第五步：做付費知識產品，寫系列付費文章。

第六步：每週寫一篇免費文章發表到互聯網上做推廣宣傳、銷售自己的知識產品。

因此，當你制定了一項需要在一定時間期限內完成的目標時，千萬不要覺得時間還長，不用急著做，更不要將關注點放在實現整個目標的完成形態上，而是要透過「0＋1＋N行動法」，將其拆分成一個個力所能及的小目標。這樣才不會被制定的目標嚇倒，整個執行思路也將變得清晰起來，執行起來也會順暢得多。

第二節　列印計畫表，觀察你的刻意行動執行情況

　　還記得我們在第三章第十二節中講解的每日刻意行動觀察紀錄表嗎？現在就將你確認並整理好的行動計畫填寫到這張表格中吧！

每日刻意行動觀察紀錄表

每日刻意行動	每日完成情況	願意程度（10分）	想法／靈感	障礙／問題	嘗試解決	解決效果
睡前思考一件值得感恩的事						
讀書一頁						
臨摹行書字帖一行						

　　如果遇到類似上節中提到的「一年內存到10萬元旅遊資金」這類，包含著不同行動、需要在一定時間期限內完成的計畫，應該如何填在這張表格中呢？因為這張表格是一天之內你要完成的刻意行動，所以，你需要將之前拆解的一個個小目標繼續細分為當天需要完成的任務。

　　上一節中，我們將「一年內存到10萬元」的目標拆解為6個執行步驟。我們需要根據每個步驟，繼續將其細分為每天需要執行的行動量。

　　第一步很容易實現。我們可以將金額制定為30,000元，時間制定為12個月，選擇每月存錢，轉入時間是幾號（可以是發薪水的第二天），每到轉入時間，從綁定的銀行卡中轉出2500元到不去提錢的帳戶中。你可以將其作為第一天需要完成的任務填入表格中。

每日刻意行動觀察紀錄表

每日刻意行動	每日完成情況	願意程度（10分）	想法／靈感	障礙／問題	嘗試解決	解決效果
睡前思考一件值得感恩的事						
讀書一頁						
臨摹行書字帖一行						
今天設定自動轉帳						

　　要完成第二步需要做哪些事情呢？拿出一張白紙，寫上自己的職業、專業、興趣、特長、人脈等關鍵字，然後在每個關鍵字下寫出你所具有的技能和資源，這樣整理出來的就是你個人專屬的資源圖了。不管你擅長什麼，最終你賺錢的方式無非都是這三種模式：賣產品、賣服務、賣廣告。

　　比如，我選擇將自己的寫作特長當作副業，透過幫別人寫文案來賺佣金，這即是透過提供服務來賺錢；完成的文章就是我的產品，我可以透過投稿或付費專欄來銷售我的產品，這就是靠賣產品來賺錢；假如還有商家喜歡我的作品，想要在我的作品後面置入他們的廣告，那我就可以靠賣廣告來賺錢了。

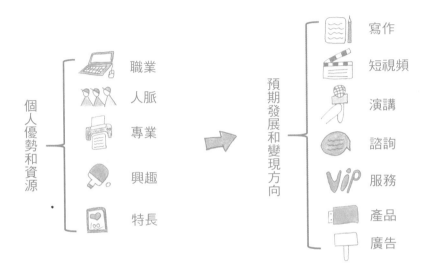

個人優勢和資源

職業
人脈
專業
興趣
特長

預期發展和變現方向

寫作
短視頻
演講
諮詢
服務
產品
廣告

　　最後我整理出，完成第二步預計需要兩天的時間，一天時間用來整理出自己的個人資源圖，一天時間用來整理出個人資源的變現圖，然後再將其記錄到每日的計畫表中。

　　我並不贊同在制定計畫上花費過多的時間和精力，畢竟，在沒有身體力行的情況下一切都是空想。你考慮得再全面也無法制定出滴水不漏的計畫，也不能保證自己最終一定能完美執行。

　　執行的過程中你一定會遇到各種各樣的問題，充分利用這張每日刻意行動觀察紀錄表，既能讓你明確自己當天要做什麼，又能讓你用一種更為平和的心態來觀察自己，找到執行中所遇到的問題，然後再想辦法解決。

　　我讀小學五年級時，一次班會上，班主任語重心長地講了很久，告訴我們一定要刻苦學習，這樣才有機會考上重點中學。只有學習才能改變命運。老師還講了一些關於學長學姐的故事，他們中有的透過自己的努力考上了重點中學，有的則因為管不住自己、貪玩、不好好學習，只能上普通中學。

　　那次班會讓我徹底明白了努力和自律的重要性。下課後我找到老師，請教如何才能管住自己，如何才能長久地堅持下去。老師告訴我，管住自己就是要在不想做的時候硬逼著自己做，堅持就是在想要放棄的時候逼著自己不能放棄。我又問老師，如何才能逼著自己去做，逼著自己不放棄呢？老師說那就要依靠意志力啊，你看孫敬是如何學習的？眠睡疲寢，以繩繫頭。蘇秦讀書欲睡，引錐自刺其股。他們在堅持不下去、不想去做的時候，就是靠著意志力頭懸樑、錐刺股強迫自己學習。你堅持不下去的時候，也可以和自己對話，想想剛才我在班會上講的，如果不好好學習，會讓父母失望，這樣多說幾遍就有堅持的動力了。

　　正是這次談話，讓我在自律的道路上走了彎路。當我開始犯懶時，我只會一味地苛責自己、質問自己為什麼如此不爭氣，為什麼別人能夠做到我卻做不到。過去，我從未心平氣和地想過，自己在執行的過程中究竟遇到了什麼問題才導致我堅持不下去，自然更沒有耐心去思考如何解決這個問題。我只是一味地埋怨自己，覺得自己自律性差是因為意志力不強，從而希望透過一次次

對自律的錯誤認知

的自我懲罰、自我訓斥來提高自己的意志力。

可以看出，我以前的做法完全是錯誤的。我越這樣做就越損耗意志力，越損耗意志力就越失控，越失控就對自己越失望。

養成習慣不能靠意志力死撐，而是要抱著發現問題的精神去找到執行中的突破口和障礙。

就拿我在前文中舉過的例子來說吧。我們都希望自己能夠養成早起的好習慣，這樣就能留出時間來看書、冥想、跑步。而每天早起是需要完成的刻意行動，保證這個行動順利完成的關鍵點是什麼呢？並不是在該起床的時間用意志力強迫自己消除睡意、睜開雙眼、離開暖烘烘的被窩、穿好衣服，而是去改變前一天晚

上上床睡覺的時間。想要早起是需要早睡的，只有睡眠時間充足，第二天鬧鐘響起時才容易起來，這樣起床的阻力才會消失。這就是突破口。

前一天早早上床睡覺就能確保早起計畫完美執行了？你太天真了！你會發現有許多障礙和問題阻止你早睡。比如，準備上床睡覺時打算玩會兒手機，可一玩就是三、四個小時；或者是你已經習慣了晚睡，早早上床睡覺反而讓你睡不著、翻來覆去，睡著時已經十二點多了；或者你剛洗漱好，朋友就打來電話邀你和他一起玩最喜歡的遊戲；又比如，今天要加班，或是臨時有飯局，回到家已經十點多了。

　　上述的這些問題都是你實現突破的障礙，是你需要面對和解決的，並且它們是無法僅僅通過意志力或訓斥自己搞定的。

　　就拿我來說，我覺得睡眠很重要，但透過犧牲睡眠時間的方式去早起是完全沒必要的。想要養成六點鐘起床的好習慣，就必須先學會早睡。透過執行和觀察，我發現影響我早睡的障礙有兩個，一是晚上九點半上床睡覺對於我來說太早了，睡不著；二是我習慣在床上玩手機，一玩就是一兩個小時。

　　找到真正的問題所在，就成功了一半。

　　我的工作十分自由，所以我一直有午睡的習慣。每天我寫完稿子正好是下午兩點多，睡完午覺醒來就已經四五點了。這樣，晚上九點半的時候我自然沒有睡意。我知道是自己午睡時間過長才導致自己習慣晚睡。於是我將每天午睡的時長縮短為四十分鐘。

　　每次上床睡覺時，我會將手機網路關閉，這樣即便有手機軟體推送資訊、朋友找我玩遊戲我也無法收到提醒，我甚至還會用黃色的便箋紙寫上「該睡啦，手機也要睡覺啦」的字樣，貼到手機螢幕上。

　　這些都是我用來針對性解決早起任務執行中所遇到問題的方法。透過兩個多月的適應，除了臨時有緊急工作和不得不去的應酬外，我都能很自然地做到早睡早起。

在執行計畫中，問題往往是解決一個又來一個，突破口也可能會變來變去。這就需要我們每天都在睡前拿出五分鐘來填寫每日刻意行動觀察紀錄表。對突破口的觀察結果可以填寫在「想法／靈感」一欄中，對執行障礙的觀察結果可以填寫在「障礙／問題」一欄。

比如，在我剛解決掉早睡這個突破環節後，我又發現了新的問題。有個星期我總是失眠，表面上身體是躺在床上休息，可實際上大腦依然在飛快運轉、一直在思考。我發現每次出現這樣的情況都是睡前在寫稿子，寫完之後大腦還沉浸在工作狀態中。

發現這個問題後，我又刻意調整了自己的寫作時間，盡量不讓自己在睡前一小時工作。為此我還在床頭擺放了幾本讀起來很「無聊」的書，睡前讀兩頁，很快就睡意來襲。坦白講，讀一些晦澀難懂、自己沒什麼興趣的書，對我來說，是最好的「催眠」方法。

還需要在此提醒的一點是，你一定要給自己充足的適應時間。就好比剛才我提到的，為了能夠讓自己早睡，我將午睡的時間縮短為四十分鐘。而這並不是我一提出方案後就立刻做到的。要知道，對於一個習慣午睡到「天荒地老」的懶人來說，只睡四十分鐘確實太「殘忍」。為了讓自己能夠做到，我故意用我媽媽的手機設置鬧鈴，並讓她叫我起床。雖然我媽媽叫我起床時所用的招數有點「殘忍」，可效果卻很好。

　　每一個解決方案，都需要一定的適應時間和緩衝時間，不要給自己太大的壓力，不要強迫自己一定要找到那種立竿見影的方法。記住，你是人，不是機器！

第三節　用「獎勵暗示」引導自己的行動

　　在前文中，我們提到過的沃爾弗萊姆・斯圖爾茲對猴子的實驗，實驗結果顯示，當猴子發現果汁和線索之間的聯繫時，只要線索出現，猴子大腦中的多巴胺神經元活動就會激增，猴子就知道自己馬上就會得到獎勵，從而集中注意力，一邊做出特定的習慣性動作，一邊等著喝果汁。

　　實驗中的線索就是暗示，暗示就相當於一個開始按鈕，引發這個暗示我們就會啟動一整套自動運行的習慣程式。一旦你將某個行為上升為習慣，它就會變得非常強大，即便你在執行的過程中遇到了某些誘惑，你依然可以順利將其完成。

　　讀到這裡我們就會明白，在習慣培養中有意識地植入一個作為暗示的開始按鈕是十分重要的。我在過去的探索和練習中，也

做過很多次嘗試。

　　以前我在健身房大都是透過打桌球的方式來鍛鍊身體的。可打球需要搭檔，如果搭檔有事來不了，我就落單了，這時我就不想去健身房了。這可不是個好習慣。如果搭檔一個月不來，難道我也一個月不去健身房嗎？於是我打算再去養成跑步的習慣，這樣即便打不成桌球，我也一樣能鍛鍊身體。可是當我去過一次後才發現，原來跑步又累又枯燥。

　　為了提醒自己每天跑步，我會提前將好看的跑鞋放到走廊。這樣我在家中走動時就一定會看到這雙跑鞋。我覺得跑鞋就是我在這個刻意養成的習慣系統中的開始按鈕。

　　但當我真正這樣去做時，效果卻並不如我想像的那樣好。坦白講，這雙跑鞋不像是暗示我跑步的開始按鈕，更像是打消我去健身房跑步念頭的開始按鈕。每當我看到跑鞋心情就開始煩躁，繼而還會想到自己在跑步機上又累又無聊的場景，感覺一切糟透了。

　　這次小小的失敗經歷向我證明了一件事情，設計用於暗示的開始按鈕並沒有想像的那麼簡單。並不是說擺上一雙新跑鞋、買一套新的運動服，在看到時就能驅使自己去跑步鍛鍊。也不是說你在床頭擺上幾本書，就能在睡前乖乖地扔掉手機，認真看書。

　　難道這些暗示並不是在提醒我們該去做什麼嗎？它們的確是在提醒，可好像還缺點什麼？而缺乏的東西恰恰是真正驅動我們

開始行動的核心因素。

　　為了找到讓暗示真正起作用的原因，我決定仔細觀察自己生活中的一個習慣，還原該具體行為習慣的前因後果，找到該習慣迴路中的暗示、慣常行為和獎賞。因為害怕遺漏關鍵資訊，我特意用「時間、地點、人物、起因、經過、結果」這六大要素來記錄。

　　我之前每天晚上都會習慣性地躺在床上玩手機到深夜，於是決定就去觀察這個習慣。

　　第一天：
　　時間：下午六點十分
　　地點：家裡
　　人物：我
　　起因：剛上完班，感覺有些累
　　經過：吃完晚飯
　　結果：躺在床上玩手機

　　第二天：
　　時間：下午六點三十分

地點：家裡

人物：我、老爸和老媽

起因：沒什麼事情做，無聊

經過：吃完晚飯

結果：躺在床上玩手機

第三天：

時間：下午七點

地點：家裡

人物：我、老爸和老媽

起因：無聊

經過：吃完晚飯

結果：躺在床上玩手機

　　僅僅觀察了三天，我就得到了許多線索。比如，「玩手機到深夜」，通常是發生在「在家裡，吃完晚飯之後覺得沒什麼事情可做時」，所以選擇用手機來打發時間。

　　在這個習慣迴路中，晚飯過後在家中無事可做的情緒狀態就是暗示，玩手機就是慣常行為，獲得的獎賞就是暫時的精神愉悅。

　　每當晚飯過後在家裡感到百無聊賴之時，我的習慣迴路的開

始按鈕就被啟動，然後大腦就開始期待玩手機時的愉悅感，直到我自然而然地拿起手機，癱倒在床上。

暗示提醒的是期待的收穫

暗示：跑鞋＋耳機　　　　　　　　　　　　　　　行為：跑步

暗示不是提醒你要去做什麼

暗示：跑鞋　　　　　　　　　　　　　　　　　　行為：跑步

　　可以看出，暗示不僅僅是用來提醒自己該做什麼，它還可以直接和大腦中所期待的畫面和感覺相聯繫，它提醒的是自己所期待的收穫與回報，為了得到這些回報於是選擇讓大腦執行某個行為。因此，暗示只有觸發內心真正期待的獎賞才能起到作用。

　　此時，再來看看我曾經失敗的嘗試。我將跑鞋放到走廊是為了提醒我要記得跑步，我只是將跑鞋和去健身房跑步的目的聯繫在一起，但卻忽視了要與內心真正期待的獎賞產生聯繫。那我們該如何去調整呢？我們可以使用倒推法。先想一想，完成去健身房跑步這個行為能和哪種喜歡的獎賞聯繫在一起。

　　我想到自己特別喜歡聽歌，喜歡一邊聽著歌一邊幻想著自己就是大明星。我完全可以一邊在跑步機上鍛鍊，一邊聽歌做「精神旅行」。

　　那麼這個期待可以透過怎樣的暗示來提醒我呢？我可以將耳機和跑鞋一起擺放在走廊。這樣我看到的就是一個組合式的暗示，既能提醒自己鍛鍊身體，又能滿足自己在跑步機上聽音樂的想法。

　　透過自我觀察還原某個具體習慣的作用迴路，還能幫助我們準確地找到「病根」。相信大家都有過想要戒掉某個壞習慣卻總在壞習慣被觸發時無法控制自己的經歷吧。

　　此時，最佳的方法就是找到壞習慣中習慣迴路的暗示，因為它是整個迴路的開始按鈕，只有分析清楚到底是什麼導致了慣常行為的產生，你又在期待著什麼，這樣你才能替換掉慣常行為中的暗示，從而改掉這個壞習慣。

　　如同上文中我對「每天躺在床上玩手機到深夜」的習慣迴路進行分析後發現，每次在家吃完晚飯後那種無聊的感覺就是暗示，於是每當這個暗示出現時，我們的大腦就會像渴望著果汁的猴子一樣渴望著獎賞，於是做出了習慣性的行為，並日復一日地重複著。

　　強烈建議你給自己幾天時間，用平和的心態觀察自己，你需要做的就是先找到習慣迴路的暗示所在，然後明確自己期待的回

報是什麼，接著再選擇一種新的方式來替換掉原來的慣常行為，要求就是該行為能夠提供給你相似的回報。

自我觀察　　　　　　　　　　　　識別暗示

慣常行為替換　　　　　　　　　　找到期待的回報

如何戒掉壞習慣

　　比如，你有個壞習慣是喜歡咬指甲，這樣既不衛生，又會將指甲咬得禿禿的，很難看。透過自我觀察後發現，你會在思考時下意識地咬指甲，回報就是咬指甲時的那種輕度痛感。這時，你就可以用手指輕敲桌子等行為來替換掉原來咬指甲的壞習慣。每當你思考時，就去用手指輕輕地敲擊桌子，重複一段時間後，原來咬指甲的壞習慣就被輕鬆改掉了。

第四節　如何設置「暗示」獎勵

上節講到了給自己的習慣迴路植入暗示，即開始按鈕。但這遠遠不夠，我們還需要找出大腦所期待的獎賞，以此來「賄賂」大腦，讓它更加重視也更願意刻意重複某個行為。給自己的習慣迴路設置一個獎賞，這個獎賞必須是行動主體所喜歡的、能夠喚起行動主體的渴望、讓其有所期待的。

在前面提到的猴子實驗中，果汁作為一種獎勵能夠讓猴子分泌多巴胺，從而取得了猴子的注意力，每當暗示出現，多巴胺就快速分泌出來，使得猴子為了得到獎勵而去主動行動。

可以看出，在習慣迴路養成的前期，獎賞的作用更多體現在了吸引行動主體的注意上，這可以讓其為了獲得回報而更願意主動去做某件事。換言之，當按照計畫付諸行動時就能得到某些好處。

但我們在給自己設置獎賞時，卻很容易犯「理性思維」的錯誤。比如身材發福的你決定透過跑步來瘦身。為了能讓自己堅持下去，你想找出跑步鍛鍊的好處，並以此作為回報來說服自己。你覺得以下幾點都是能激勵你堅持跑步的獎賞：

透過跑步能出汗，這會讓你感覺渾身舒暢。

透過跑步瘦身，會讓你覺得自己是在付出，你喜歡為了目標而努力奮進的自己。

透過跑步能刺激大腦釋放內啡肽，它可是被譽為人體天然興奮劑，能緩解你的壓力，讓你感到快樂。

透過跑步鍛鍊身體，能夠瘦身、塑型，還能降血脂、降血糖，讓身體變得健康。

你認為這四個獎勵都能讓你產生渴望，激勵你付出行動。但再理性的思考終究也要回歸到現實中。你所臆想的這些獎勵，等到真正跑步時才會發現它們是多麼的微不足道。

鬧鐘響起，窗外的鳥兒嘰嘰喳喳地叫著，你揉了揉睡眼，掀開被子起身穿衣洗漱。走出門迎著清晨的陽光，你深吸一口氣，對自己說：「早晨你好！今天又是美好的一天。」

你穿著白色運動服，在公園的小徑上帥氣地跑著，擦肩而過的女孩一臉迷戀地盯著你看。

別做夢了，醒醒吧！這些獎賞的確會有些許激勵作用，但要

知道，在習慣養成的初期，行動的阻力是非常大的。這些行動本身的好處和回報，根本不足以讓你衝破障礙，心甘情願地每天去跑步。

當你被鬧鐘吵醒，睜著惺忪的睡眼才知道暖和的被窩對你來說是多麼的難以拒絕。此時你覺得當初設想透過跑步降血脂、降血糖的回報對你來說又有多大的激勵作用？難道你真的不知道和賴床相比，起床跑步對你有更多的好處嗎？你當然知道。可是理性思考得出的好處過於抽象，往往無法產生足夠的誘惑力。

在市場行銷學中，有一種行銷策略叫作感官行銷。意思就是要充分地利用消費者的視覺、聽覺、觸覺、味覺和嗅覺，透過營造知覺體驗來激發起他們的購買欲望。

我們在制定獎賞時，也可以使用「感官行銷」這一招，想方設法地激發自己的視覺、聽覺、觸覺、味覺、嗅覺、情感和想像力，這樣才能更好地挑起自己的行動欲望。

為了能讓自己在跑步機上鍛鍊，我將聽歌作為回報。我很喜歡聽歌，也很喜歡在聽歌時幻想自己是明星的感覺，這個回報是我所喜歡的，而且它還能充分激發我的聽覺和想像力。

我的一個朋友，因為工作壓力大，習慣熬夜、吃宵夜，身高一七五的他，體重一度飆升到了一百多公斤。抱著減肥的決心他辦了健身房的年卡，可才堅持了兩天，健身卡就徹底淪為他的洗

澡卡。有次他去健身房洗澡，經過跑步機的時候遇見了自己高中時暗戀的女生。

　　想當年，他因為自己成績差而自卑，不敢向同桌表白。後來，他們考上了不同的大學，在不同的城市學習、生活、工作，一別就是十年。現在他終於事業有成，可身材卻走樣了。為了向女生表白，從那天起他天天去健身房鍛鍊。

　　去年聚會時我們都驚呆了，他竟然瘦了整整十二公斤，這個數字也許和那些上了新聞的勵志人物無法相提並論，可在我們眼裡，原來的他就是一個除了吃只知道工作的胖子，沒想到為了愛情竟然能做出如此大的改變。

　　記得羅振宇說過這樣一句話：如果一個中年男人突然開始重視起身材，去健身房鍛鍊了，那他往往是因為有了喜歡的人。

　　收穫他人的青睞和認可、賺更多的錢、提升自己的異性緣，雖然這些目標看似有些「俗」，但對絕大多數人來說都是誘惑十足的回報，這能燃燒自己的「小宇宙」，讓自己願意為之付出努力。

　　但這類回報也有一個無法忽視的缺點，那就是「反射弧」會很長，未來再美好也依舊是未來，我們只能稱其為長遠回報。

　　在每天的行動中，尤其是還未取得明顯進步時，雖然長久回報符合我們長遠的利益，能帶來一定的吸引力，但卻容易輸在當

下，畢竟，當效果還未顯現出來時，未來的走向是未知的，你不確定自己能否成功，你更害怕自己努力過後得到的卻是失敗，這些都會成為一個個包袱，讓你行動的腳步變得越來越沉。

因此，在給習慣迴路設置回報獎賞時，光有刺激感官的長遠回報還遠遠不夠，你還要讓自己能夠「及時行樂」，設置一些既不與目標互相衝突，又能符合眼前利益的回報，我們可以稱之為即時回報。

比如，你給自己制定了一個戒糖計畫。透過戒糖來降體脂，抗衰老，從而提升顏值和異性緣，這是長遠回報。但是，你可以選擇每堅持一天獎勵自己玩三十分鐘遊戲、看一集電視劇等，這就是即時回報。雖然從表面上看，這和你的戒糖行為沒有直接聯繫，但它卻能讓你在付出行動後立即得到獎勵，這樣就將「付出—回報」的「反射弧」盡可能地縮短，每次的付出都會有所回報，並以此來促使自己長期堅持下去。

在量變的積累過程中，效果也在一點點積累，當效果開始顯現出來時，長遠回報的「誘惑」作用就開始凸顯出來了。透過努力所收穫的成就感、滿足感會成為你繼續堅持下去的精神支柱，從那時起，堅持就不再像開始時那樣刻意了，反而會變得越來越自然。

在網上寫作的朋友都知道，寫作的前期是很容易放棄的。其

很大程度上是因為自己的作品無人問津，既沒有物質上的回報，也沒有精神上的鼓勵，寫作完全淪為自娛自樂。此時如果想培養自己寫作的習慣，就必須借助一些與寫作無關的「即時回報」來讓自己展開行動。

　　但當自己的作品開始吸引粉絲，有讀者留言好評時，創作熱情的小火苗就被點燃了。這時，作者就好像是有了責任一樣，為了給讀者更好地分享而更加主動地創作。讀者所寫的鼓勵評論，或是微薄的稿費，都能讓他們看到希望，這時長遠回報就開始發揮作用了。

　　總之，在刻意養成習慣的過程中，一個合格的回報獎勵必定是以長遠回報和即時回報相組合的。設置長遠回報時，要去想一

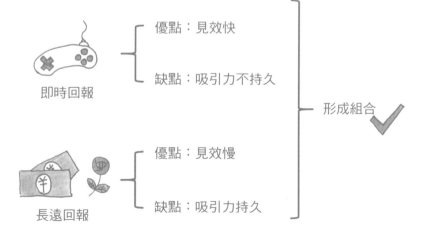

想，當自己這麼做時可以取得怎樣的進步、能實現什麼願望、對自己又有什麼好處等。描述回報時切記不要過於抽象，而應該盡量營造自己的知覺體驗。

比如，你決定參加某項技能資格考試，考試通過，拿到相關證書，你的薪資可以上調20%。這個描述就過於抽象、平淡，不能充分激發自己的渴望，但如果你想像一下自己通過了考試，薪資漲了之後你的生活品質也隨之發生了變化，你能買更好看的衣服首飾、去更好的餐館吃飯，還能帶父母去旅遊。這時，將內心的欲望和目標聯繫在一起，對你的觸動會很大，也更利於調動你執行的積極性。

但在設置即時回報時，還應注意以下三點：

一是千萬不能將回報和縱容混淆，回報本身不能與目標相悖。譬如你刻意不讓自己喝含糖飲料時，設置的回報就不能是獎勵自己吃巧克力、奶油蛋糕等高糖食物；你在戒菸時，就不能以喝酒作為獎勵；還有你不能為了鼓勵自己讀書和寫作，就將亂花錢、衝動消費作為自己的獎勵。

在設置即時回報時一定要注意，自己設置的回報是不是另外一個領域的放縱，或其本身就與自己所執行的計畫相衝突。

二是可以給即時回報進行分級，以防止自己安於現狀，或鼓勵自己超額完成。比如，你規定自己每天寫50字，完成任務後則獎勵自己玩五分鐘遊戲。當然，你肯定希望自己能夠寫得更多

更好，這時分級制就能派上用場了。你可以規定自己每寫滿500字就可積一分，積滿一定的分數後則可以用來兌換一個更大的回報，比如去看場電影或喜歡的舞台劇、去吃頓燒烤、買一雙自己喜歡的球鞋等等。

　　三是設置回報獎勵時盡量不要有太多的條條框框。即時獎勵是為了滿足自己當下的需求，這就決定了即時獎勵不能是太過死板的規定。你規定自己每天讀完三十頁書後，就獎勵自己看一集電視劇。但很有可能那天你根本不想看電視劇，這時這個回報對你就失去了吸引力，那麼你也就失去了動力。

　　在我看來，即時回報不必是白紙黑字寫出來的明確規定，不如多給自己一些自由空間，只要不和計畫本身相衝突，不是另一個領域的放縱，其他都可以接受。

　　現在的我在完成習慣計畫後，會獎勵自己一定的自由時間。我可以在這段時間裡想做什麼就做什麼，沒有任何規則束縛，特別減壓，那種愉悅感會讓我非常期待這個回報，為了獲得更多的自由時間我會更加努力地去完成計畫，這樣就將設置回報的作用充分地發揮出來了。

第五節　為自己打造自律的好環境

在一個習慣迴路中，當某個行為成為習慣後，這個行為就會自動化進行。這有好處，也有壞處。決定其影響是積極的還是負面的，則全看你養成的是好習慣還是壞習慣。

當一個好的行為形成習慣後，這個好習慣會給我們的生活帶來許多積極的影響。可當不好的行為形成習慣了呢？每當壞習慣的暗示按鈕被啟動，接下來的動作不僅自然到你下意識地就去做了，而且還會頑固到你不去做反而覺得十分彆扭。

在習慣迴路中，暗示就是一個誘因，誘導你展開一系列的行動。我們在有意識地培養自律習慣時，往往將絕大多數的注意力放在了自己身上，給自己制定嚴苛的計畫，強迫自己按照計畫去執行，可我們忽略了一個極其重要的因素，即環境對人的影響。

　　每個人所處的環境，都蘊藏著各種各樣的誘因，其中一些是你自發植入的，想要以此引導自己做出積極行為。更多的則是你完全意識不到的，卻在潛移默化影響著你。

　　為什麼許多父母會如此在意孩子是否能考上重點中學？除去師資力量和教學水平，更多的還是想讓孩子有一個良好的學習環境。不過肯定會有人說：「環境的影響只是一方面，關鍵還在於個人，事在人為啊。」雖然環境對人的影響並不是絕對的，也不是說你在普通中學最差的班級裡學習成績就一定不好，但不得不承認的是，較差的學習環境能夠為你提供的有利因素會更少。

　　上中學時，我在普通班和重點班都聽過課，單從學習氛圍上來講這兩個班級就已經有了差距。就拿閱讀課來講，我所在的那個普通班幾乎大半的同學都在聊天、吃東西。在重點班裡，大多數同學都在看書、解題。

　　當大多數同學都在閱讀課上聊天，靜下心來看書的同學反而成了「異類」，此時你要面對的不僅僅是嘈雜的環境，還要和內心想要「隨大流」、尋求周圍人認同的想法做鬥爭，這對意志力來說既是一種耗損，對大多數人來說也是一個挑戰。

　　俗話說：「近朱者赤，近墨者黑。」環境對人的影響作用往往集中在感染力上，分別為行為上的感染、目標上的感染和情緒

上的感染。

　　人的大腦中有一群叫作鏡像神經元的細胞，它們的任務是觀察他人的行為。人類的認知能力、模仿能力和共情能力都是建立在鏡像神經元的功能之上。人類與生俱來就有一種無意識的模仿本能，這能夠幫助我們更為有效地融入集體。

　　人們都喜歡和自己性格相似的人打交道。作為社會性動物的我們，本能地、無意識地模仿他人的行為，成了更好滿足人際交往需求的一大秘訣。我們將這類在社交中下意識模仿他人的行為稱為變色龍效應。

　　你和朋友在咖啡廳裡聊天，說著說著朋友攏了一下頭髮，接著你也會伸手摸摸頭髮。這就是下意識的模仿。同理，當你下定決心這週不喝奶茶，辦公室裡的其他同事卻問你要不要一起下單點奶茶時，你同意了。別人都這麼做時，你想這樣做的衝動就會加強。

　　我讀大學時，隔壁宿舍的五個同學從大一就開始利用閒暇時間，一邊學習攝影一邊賺外快。大學畢業時她們已經能夠獨立接案了，不僅不用再跟家裡要錢，還自己掏錢帶父母旅遊。她們五個人不是一開始就集體決定去學攝影賺錢的。剛開始是其中一個女生報了攝影班，一次和「師傅」幫人拍畢業照賺了點錢，雖然賺的不多，卻讓這個女生看到了希望，她決定成為像「師傅」那

樣的人。在她的感召下，同宿舍的女生也都紛紛開始學習攝影，這就是目標的互相感染。

其實情緒也可以互相感染。當閨密向你哭訴她的感情有多麼不順時，你也會感到壓抑和難受；當你去看演唱會時，喜歡的歌手在臺上盡情演唱，你也會自然地和臺下的觀眾一起揮手；當你和家人一起看電視劇時，你們的情緒也會隨著劇情的起伏而變化。

當然，人們在面對環境的感染力時並不是只能毫無選擇地被動接受，它只是會讓我們產生一種「趨同」的衝動。既然環境會對人們的言行舉止產生一定的影響，那麼自己打造一個有利於自律養成的環境就顯得十分重要了。

那麼，如何才能主動創造一個利於自律，利於自我提升的環境呢？

秘訣在於揚長避短，找到有利因素，將其優勢作用擴大。然後再去找到不利因素，盡量避免。

獎勵、鼓勵、讚美、他人的認同等都屬於有利於我們自律和進步的因素。

比如，上學時你偶然受到了某個老師的表揚或獎勵，你就會漸漸喜歡上他教的科目，也會更願意在這一科上下功夫。

當你為了目標而努力時，卻得不到周圍人的認同。那你可以加入有共同想法的社群中，這樣成員間彼此互相認同和鼓勵的氛

圍也會進一步強化你的付出。

除此之外，合理的規則、適當的懲罰和些許挫折及批評，雖然這並不是我們想要的，但這些也有利於我們的成長。俗話說得好：「吃一塹，長一智。」摔倒一次，就記住下回要小心了。當你頹廢懈怠時，朋友的勸誡、上司的訓斥雖然會讓你感到短暫的難堪，但卻能幫你清醒過來，回歸到正確的道路上。

誘惑、無限制的娛樂、藉口、暴力、排擠打壓、孤獨、嘲諷、混亂、過於舒適等等則屬於阻礙我們自律和進步的不利因素。

在你努力工作或學習時，朋友邀請你聚餐、玩遊戲，手機提示音響個不停，這些都是干擾你的誘惑；你明知道第二天要早起練習英語口語，可前一天晚上就是不想早早睡覺，而是選擇去看電視劇、打遊戲到深夜，這些就是典型的高收益值、短半衰期的娛樂消遣。

你本來堅持著自己的健康飲食計畫，但朋友卻一再告訴你，年輕不吃，老了想吃也吃不了，於是你告訴自己，年輕人體質好，多吃點油膩的食物也不礙事。這就是導致你放鬆懈怠，自我麻痹的藉口。

在好萊塢動畫電影《動物方城市》中，胡尼克在小時候也有自己的理想，他做夢都想要成為一名小騎警童子軍。可他卻屢遭

隊友的排擠和欺凌，這讓他覺得「既然全世界都認為狐狸狡猾不值得信賴，就沒必要做其他的嘗試了」。不出所料，長大後的尼克靠坑矇拐騙來賺錢。

　　當然，任何事都不是絕對的。在這部電影中，同樣從小就立志當一名員警的小兔子哈茱蒂也一樣遭受了很多人的不理解、欺負和打壓。弱小的她被小狐狸吉丁‧葛雷打倒在地，還被他嘲笑和挖苦。可茱蒂在站起來後卻說道：「不過，他倒是說對了一件事，我就是不知道死心。」葛雷對茱蒂的傷害和嘲諷，反倒讓她對目標變得更加堅定，茱蒂為了證明自己付出了很多的努力，後來考上了警校，成為第一個兔子警官。由此可以看出，誘因對人的影響並不是絕對的，一個負面的誘因也可能促成一個積極的行為和結果。

　　明白了環境當中的有利因素和不利因素，接下來你就完全可以將它和我在前文中推薦的自我觀察表一起使用。透過觀察自己周圍的環境，同時記錄和分類自己平時接觸到的誘因，可以明確目前所處的環境中，有利的因素有哪些，不利的因素有哪些。它就像一張個人所處環境的體檢表，它所回饋的資訊能夠幫助我們做出更好的對策去解決問題。

　　我有一個朋友，想做培訓師，卻十分迷茫，他不知道自己該怎麼努力。我用誘因矩陣幫他分析了他所處的環境，發現了很多他平時不易注意到的問題。

　　他住在四線城市，在一家國營企業上班，收入穩定，每天重複著朝九晚五、兩點一線的生活。雖然他說自己想成為企業培訓師，但實際上只是想想，並沒有花費時間去學習這方面的技能，下班後的時間也大都用在了吃零食、看電視劇上。他身邊的朋友和他也差不多，沒有下班後還會去學習的。他常說，自己沒什麼經濟壓力，雖然心裡想改變，卻沒有動力。

　　他曾經和父母說過做培訓師的事情，遭到他們的強烈反對，他們說他這是不切實際的幻想，有了「鐵飯碗」還想瞎折騰。有時，好不容易坐在書桌前開始學習，可一會兒玩玩手機，一會兒看看雜誌，看似學習時間很長，但效率極差。

　　從上面可以看出，他長期處於舒適區，工作穩定，生活安逸，沒有遇到過什麼挫折，家裡人不支持他的想法，周圍人也很少認同都是他所處環境中的不利因素。

　　他應該如何打造屬於自己的有利環境呢？

誘因矩陣之自助指南

閒暇時間大多用於空想和娛樂	→	下班後看演講和公開課一小時
學習時容易分心和玩手機	→	清理掉書桌上與學習無關的雜物；手機調靜音，番茄時間工作法
身邊無上進「典型」，親人不理解	→	關注相關社群和論壇，增進交流
執行力差，對於培訓技能光想不學	→	以教為學，主動分享
和朋友缺乏共同語言，只是喝酒嘮家常	→	減少無意義的應酬；加入演講等相關社群，參加相關的同城活動
生活安逸，沒有前進的動力	→	和優秀的人做比較；每週完成一個小挑戰

　　第一步，節省時間，下班後盡量減少被動式的娛樂消遣。由原來的純粹只是為打發時間看電視劇、打遊戲轉變為拿出一個小時去看演講和公開課，進而由被動變為主動。

　　第二步，清理書桌上所有與學習無關的雜物，尤其是零食、通俗小說、雜誌等。將手機設置為靜音，在學習之前列出當前的任務，然後使用番茄時間工作法，每工作二十五分鐘就休息五分鐘，如果需要計時工具的話，可以使用鬧鐘，這樣可以避免因用手機計時而不自覺地玩手機的情況。

　　第三步，主動尋找志同道合的人。如果自己周圍缺乏這樣的

人，則可以透過互聯網來找到相關的社群和論壇，並和那些有共同愛好的人互相交流和學習。

第四步，減少無意義的應酬。留出時間參加培訓及演講相關的付費社群，並時常參加社群的同城交流活動。

第五步，邊學習邊分享。透過「以教為學」的方式將自己每天的心得體會透過文章或短視頻的方式分享給大家。在這個過程中讀者的好評能夠激勵你繼續努力，而讀者指出的不足也能夠幫自己及時意識到錯誤並改正。

第六步，邁出舒適區。主動給自己製造一些小的挑戰，如每天堅持六點起床、每週做一件自己之前不敢做但很有意義的事。還可以主動和比自己優秀的人交往，這能讓你快速地找到自己需要努力和改進的地方。總是和自己水平相當的人在一起，永遠都會覺得自己混得還不錯。

大家也可以按照我講解的方法，檢測一下自己所處的環境，提高有利因素的比重，排除不利因素。這會對我們的行動起到一個很好的助力作用。

第六節　記錄每天執行的積累情況

在執行過程中，我們需要關注的是積累情況，而不是具體的行動效果。我建議大家將積累情況盡可能地形象化並清晰地展示出來，最好是將其做成表格列印出來，貼在臥室或書房的顯眼處，這樣自己每天都能夠看到過去的付出和努力，可以更好地激勵自己繼續前進！

我們在一些婚戀節目中經常看到，兩個人感情明明已經支離破碎，卻沒辦法下定決心說再見。這時，其中一方往往會哭訴著說：「我們在一起已經好多年了，我為他付出了那麼多，如果選擇放手，過去的付出不就全白費了？我怎麼能放棄這段感情呢？」

人們在做決定時，不僅會去分析這件事情對自己有什麼好處，還會看自己在過去對這件事情做了多少投入。雖然過去的付

出和努力已成定局，但卻依舊會影響我們現在所做的決定。其中，那些在以前付出的時間、金錢、精力和心思都會成為沉沒成本。

相戀多年的戀人雖然已經矛盾重重卻不能痛快地選擇好聚好散，就是被「沉沒成本」所牽絆，為了不讓過去的努力付之東流，寧願繼續忍耐也不放棄。講到這裡，大家應該就能明白為什麼我會如此鼓勵大家將每天記錄的積累情況展示在最顯眼的地方了吧！

當你想要放棄的時候，看見自己已經堅持了那麼久，如果今天不去完成的話，之前的努力就白費了。為了之前所做的積累，只能選擇繼續堅持下去。

以下就是我之前所做的目標計畫進展表。

本月目標執行進展紀錄表

目標一	1	2	3	4	5	6	7	8	9	10	11	12	13	14	15
	16	17	18	19	20	21	22	23	24	25	26	27	28	29	30
目標二	1	2	3	4	5	6	7	8	9	10	11	12	13	14	15
	16	17	18	19	20	21	22	23	24	25	26	27	28	29	30
目標三	1	2	3	4	5	6	7	8	9	10	11	12	13	14	15
	16	17	18	19	20	21	22	23	24	25	26	27	28	29	30

基本任務量　　　　超額完成任務

　　我將這張表格貼在書桌前的牆壁上，每天工作時就可以看到自己過去為目標付出過多少努力。看著格子被一個個色塊填滿，特別幸福。有時想要偷懶，可一想到之前努力保持的「戰績」會因為今天的放棄而中斷，頓時就會打消念頭。

　　大家可以看到，在我的這張表中，如果當天完成了基本任務量，我就會在對應的格子裡塗上淺顏色。如果我當天超額完成任務，我就改用深色填塗。

　　這樣的話，即便在我狀態很差，只完成了最低門檻的任務時，我也能在表格上看到自己的進步。當然更多的時候我都會為了能將每個小格子都塗上深色而去超額完成任務。

　　我的這張表格製作粗糙，大家可以充分發揮自己的想像力，設計出既好看又實用的表格，將其列印出來貼在看得到的地方，每天邊督促自己行動邊記錄，看著塗滿的格子越來越多，心情也會越來越好。

　　除了上述這種方法，我們還可以在電腦或手機上下載軟體來做紀錄。我之所以沒有這樣做，是因為我發現自己經常打開軟體去填寫執行情況，卻偶然看到推送資訊，然後不知不覺地玩起了手機，等反應過來時才發現已經浪費了好多時間。

　　除了這個缺點，利用手機軟體來記錄還是非常方便的，不僅不用列印，還能設置具體的提醒時間，能充分保護個人的隱私，還能隨身攜帶、隨時記錄。

在這裡，我給大家推薦幾個自己認為還不錯的軟體。

Streaks

整個應用頁面相對簡潔，主題顏色可以自訂。最多能夠制定六個習慣，完成任務後長按圖示即可變色，如果將制定的所有任務都完成了，圖示還會變成金色，看起來就像是一個小金牌。

其實最讓我喜歡的是Streaks可以查閱單個任務的執行情況。哪天完成了，哪天沒有完成在日曆上一目了然。還能查閱到單個任務連續完成的資料以及過去一週乃至一個月的完成率。

Fabulous（美妙獎勵）

它的頁面和Streaks相比就顯得可愛多了。我最喜歡它的功能是比較「另類」的新手任務。一般手機軟體的新手任務是很容易完成的，只需跟隨提示就能快速地熟悉使用方法。Fabulous則不同，作為一款習慣養成類應用，它的新手任務會讓你連續花上好幾天去完成一個小任務，完成之後才會引導你自訂新的養成習慣。

我個人十分贊同這個理念，我們真的沒有辦法一開始就將事情做到最好，從小事做起，完成一個個小目標反而是一種智慧。Fabulous對任務完成情況的記錄功能也很好用，除了日曆、完成率等常見的形式外，還增添了每日時間線的功能。

愛今天

這是一款完全免費的時間管理軟體，它在「民間」的人氣和口碑都很不錯。其主要是透過任務計時來對用戶每天的努力進行量化，記錄你每天時間的花費情況。

這款手機軟體將時間分為四類：

投資時間：為完成目標記錄的時間。

固定時間：吃喝拉撒。

睡眠時間：睡覺。

娛樂時間：玩樂。

如果你總是為「時間都去哪兒了」苦惱，不如用這個軟體監測一下自己每天的生活。監測方法很簡單，比如當你準備睡覺時，就打開軟體在睡眠一欄點擊右側的開始計時按鈕，起床之後點擊結束按鈕。

不過，我在使用過程中經常會忘記點擊結束，導致記錄時間有所偏差。所以使用該軟體的前期還是要刻意提醒一下自己。當然，你還可以自訂目標，設置目標級別、需要花費的時間、截止期限等。在工作時如果需要使用番茄時間工作法，這款軟體也有相應的計時功能。

　　總之，記錄自己的執行情況並沒有死板的規定，只需記住兩點：一、盡量使用顯眼的顏色來標註自己的執行情況；二、將紀錄表放在顯眼的地方，或者在手機上設置每日提醒。

第七節　習慣養成中的幾大難題及應對

　　刻意重複某種行為將其培養成習慣是需要一定時間的。就像在土裡種下一顆小種子，等待它破土而出長出枝葉和果實。在這個過程中，真正有利於它生長的做法是順應它的生長規律，讓它自然成長，不去做過多的干涉，更不能揠苗助長。

　　總想在短時間內完成許多事情，急於求成是不可取的。追求速成是導致我們在習慣培養中節節敗退的重要原因。

　　在刻意地進行習慣培養時，隨著時間的推移我們會遇到一些難題，但這些難題並非不可控制，我們可以提前做好準備，成功地將其解決掉。

難題一：行動初期阻力大，總想要放棄

　　將一個行動從初期的不適應發展到後期的下意識行為，是需要不斷重複的。在執行的初期阻力是最大的，這個時期失敗率也最高。因此，初期我們應該將更多的注意力集中在行動本身的重複練習上，而不是追求數量和品質。

　　想要養成每天閱讀一小時的好習慣，前兩週可以先要求自己每天看書五分鐘。考核的標準並不是你學到了多少知識，而是你今天是否讀了書。要知道持續重複一個新的行動，最大的阻力來自舊習慣的「抵抗」。

　　你強迫自己每天讀書，需要適應的不僅僅是讀書行為本身，還有讀書前形成的習慣。在你之前不讀書時，這個時間段你或許在玩手機，這也是為什麼當你拿起一本書時，彷彿全身的細胞都在發洩著不滿，畢竟它們在相當長的一段時間裡都習慣和手機「玩」，對書本是相當陌生的。

　　想要養成習慣熟能生巧，只有先去適應，才可能習慣成自然。不管你想養成什麼習慣，記得使用「0＋1＋N行動法」，先離開舒適區，勇敢地向前邁出一步，等到將其變成自己的舒適區之後繼續前行。

難題二：太在意結果，害怕失敗

　　不知你是否有過我這樣的感覺。只要一制定目標就會感到壓力重重，會不自覺地想應該如何實現，擔心自己努力後依然失敗，還會透過網路搜索、諮詢朋友等形式來預估該目標的成功率。這讓我進入了一個猶豫不決、浪費時間、浪費精力的怪圈中。

　　看到別人成功時，我會覺得這是對方運氣好，我可不會有這麼好的運氣；看到別人失敗時，我就會告訴自己：「看吧，哪能這麼容易成功，努力都白費了。」

　　我將大部分的時間和精力都用在揣測這件事情能否成功上，心裡還希望出現一個貴人告訴我：「去做吧，你絕對能夠成功！」

　　出現這樣的情況是因為我習慣將結果作為衡量付出是否值得的唯一標準。我每天複習兩個小時為的是通過某個考試，兩個月後我並沒有拿到滿意的成績，考試失敗。這樣難道就要簡單粗暴地認定過去兩個月我的付出都白白浪費了嗎？

　　有人可能會說，當然啦！那個時間還不如去玩呢，損失了那麼多腦細胞，太不值得了。這就是以結果為導向來判斷做事的對錯。

　　可是，雖然我考試失敗了，但我也學到了很多知識、發現了

許多問題。我發現了自己備考和應試中存在的一些問題，還參加過一次真正的考試，這些都是我的收穫，我的努力並沒有白費。

不管在習慣養成中，還是在為具體的某個目標努力時，都應該將收穫作為衡量做某件事情是否值得的標準。這樣會大大地減少我們在執行中的壓力，卸下執行時的思想包袱。

同時我們可以借助每日刻意行動觀察紀錄表和目標計畫執行進展表等工具來記錄自己的進步，觀察自己已經連續堅持了多少天、自己今天又做了哪些事情、具體收穫了什麼等等，然後盡可能地讓自己不去想事情的結果。

難題三：必須刻意提醒自己，否則容易忘記

這個問題會在執行初期遇到。之前我給自己制定了一個改掉躺在床上玩手機的壞習慣的小目標，我本來就近視，但一直不怎麼注意保護眼睛。長期躺在床上玩手機，姿勢不對，光線也不好，直到知道自己眼鏡的度數又增加時才悔恨不已。可後悔歸後悔，等到我玩手機時照舊，於是不得已將改掉這個壞習慣提上日程。

一開始我給自己制定的規則是：每天玩手機時要坐在光線充足的地方。看起來十分簡單，也許就是因為太簡單了，所以我經常忘記。很多時候都是已經玩了快一個小時才想起來，然後就告訴自己，反正已經「破戒」了，那就明天再開始履行規則吧。

在對某個行為進行刻意重複時，最好事先設置好一些提醒，以防自己忘記。我專門製作了一張手機螢幕保護程式，上面清楚地寫著：「不想近視度數加深，就趁早保護好眼睛！」這樣，只要我一打開手機就能看到提醒，然後老實地打開燈坐直身體。同時我還在便箋紙上寫了提醒保護眼睛的話，貼在我最近閱讀的書籍封面上。

除了這個方法以外，我們還可以將某個行動計畫固定到某個時間段、某個地點或是完成某個具體行為之後，該時間、地點或行為就是一個暗示，即開始按鈕。下次當暗示出現時，就會很自然地去做。

比如，你想要養成每天晚上睡覺前冥想十分鐘的好習慣，就可以在睡前十到二十分鐘設置一個鬧鈴，也可以是在睡前洗漱完之後進行冥想。

當然，可能會有一些不可控因素來擾亂我們的計畫，所以我們要提前給自己制定好應對特殊情況的規定。比如，遇到意外情況或不方便執行時，可以將任務挪到當天方便的時間完成，也可以推遲到每日睡前完成。如果時間或精力不允許，則可只完成當天最低的行動量。這樣既能讓你的執行計畫得以保持，同時又保證了其靈活性和可行性。

難題四：心比天高，總想做得更多、更好

　　這個問題可能會一直伴隨著你，稍不留神就會因為想得太多、制定的條條框框太多，讓執行的步伐變得越來越沉重。

　　現在的我，依然沒能將這個毛病徹底改掉。所以我會定期檢查自己的目標清單和執行計畫，保證自己當前制定的目標不超過三個，還要確保每個執行計畫盡可能地簡單實用。

　　例如，你想在今年利用業餘時間做短視頻，成為一名YouTuber。於是你給自己制定了每日任務：

　　在捷運上看短視頻來研究拍攝方法。

　　每天寫一個視頻腳本。

　　每天研究五個短視頻的標題。

　　每週拍攝一個短視頻。

　　對於一個上班族來說，要想真正完成這四個任務還真不容易。雖然在制定計畫時，覺得自己有這樣的精力和能力來完成，可任務越多可行性就越差，還會分散注意力。我的建議是學會專注，在一段時間內讓自己的目標盡可能地明確，任務盡可能地集中。

　　比如，第一個月你可以先去看網上的熱門短視頻，然後總結

出每個視頻的選題、拍攝方法以及亮點。並規定自己每天看多少個，總結多少個。第二個月，再去集中研究標題。

同樣，在工作時我們會習慣於寫待辦清單。與其寫下長長的待辦清單，不如只寫下現在最需要依次完成的三件事情，完成一個則劃掉一個，全部完成後再制定新的三件事情，然後以此類推。

如果你沒有這樣做，而是選擇直接將打算今天完成的事情全部寫下來，一是在計畫上浪費了時間，二是滿滿的待辦清單會容易引發自我耗損，還沒有開始做就已經很心累了。最後長長的單子上，只完成了一兩項，不僅效率差，而且對自己也不是一個很好的暗示。

當然有人會說：「如果不全寫下來，我會忘記啊。」其實你可以將自己臨時想到的事情記在備忘錄中，而現在需要完成的三件事則寫在便條紙上，完成之後再去備忘錄裡尋找自己接下來要完成的另外三件事情。總之一定要記住，在確定計畫和目標時不要做加法，要做減法。

難題五：容易被影響，導致過度自我耗損或找藉口逃避

在執行過程中，容易被影響大致可以分為三種情況：臨時事件干擾了計畫的完成，別人的想法或談話影響了你行動的決心，因為某個具體的事件影響了自身的情緒。

　　第一種是很常見的，尤其是當你的計畫被打亂時，會產生一種無力感，那種感覺確實不怎麼好。但解決的方法很簡單，就是前文中所提到的，在制定計畫時要提前確定好特殊事件的執行規則，允許自己另找時間完成或只完成最低的任務量。

　　第二種情況則會影響到我們執行時的決心和信心，尤其是當你衝勁十足、躍躍欲試時，很可能會因為別人的一句話就洩了氣。

　　你想減掉自己的小腹，可爸媽卻說你身材挺好的，不需要減肥。看看鏡子裡的自己也覺得身材剛好。你決定明天報個培訓班，利用閒暇時間好好充充電，可一會兒看了篇心靈雞湯說年輕人再不瀟灑就老了。這讓剛剛萌生的學習念頭直接被打消，是啊，每天上班多累啊，沒必要再和自己較勁了。畢業後的你準備考公務員，看了兩天書後聽同學講考試都有內幕，沒有關係是考不上的，於是你默默地合上書，告訴自己複習也沒有用，不走後門根本考不上。

　　但凡是別人的言行能夠影響到自己的信心和決心的，要嘛是自己本來就信心不足、猶豫不決；要嘛就是你以結果為標準來判斷這件事是否值得自己付出努力。

　　別人的想法只能代表他們自己的想法，別人的經歷也只是他們自己的經歷。我們可以從中汲取經驗和教訓，但卻不能盲目地認同，更不要將結果作為衡量一件事情是否值得去做的標準，要

以放鬆的心態去做，不要想這麼做能不能成功，而要去想這麼做可以收穫到什麼，或是這麼做又能有一次有趣的體驗。當你轉變了思維模式後，別人的言行舉止對你的影響自然大打折扣。

第三種情況是遇到某個具體的事件而影響了你的情緒。比如，當你正為自己連續堅持健康飲食達到兩個星期而高興時，無意中得知前任有了新的戀人，原本愉悅的心情瞬間跌落谷底，各種想法一股腦兒地湧現出來。

「他這麼快就有了新歡，難道我和他過去那麼多的美好時光都被他忘得一乾二淨了嗎？」「我為他付出那麼多，竟然換來這個下場，男人就是靠不住！」「他的眼光怎麼會這麼差，這個女的哪裡比得上我？」「他肯定是在故意氣我，他不可能愛她的。」「如果當初我不說那句話，也許我們就不會分手……」

這樣，直接進入反芻式思維模式，心情糟糕透了，原本的健康飲食計畫也被迫中斷，亟需透過和朋友傾訴、暴飲暴食、過度消費等方式來安慰自己。

心情突然低落很容易引起自我放縱，情緒突然變得高漲也容易讓人失控。這種失控並不是為了尋求心理安慰，而是披著獎勵或犒賞的外衣出現的。

比如，最近自己取得了一些進步或突然有好事降臨，此時就會很容易有諸如「今天進步這麼大，我應該好好放鬆一下」「這週我這麼用功，理應好好吃一頓」的想法。這就是道德許可效應

下自我補償的心理所造成的放縱。

在如今資訊高度發達的時代，我們足不出戶就能知天下事，而各種手機軟體推送的消息大多都是負面的，哪裡發生了車禍、哪個明星出軌了、吃什麼會得癌症等等。

我們在這些軟體中閱讀資訊時，軟體往往會根據我們的閱讀習慣和內容偏好來持續推送類似的資訊，久而久之就會讓我們陷入一個相對閉合的閱讀圈中。

你看了幾個關於情侶分手、出軌背叛的文章和視頻，系統馬上就會給你推送含有相關標籤的內容，然後你會再次打開閱讀，讓自己閱讀更多充滿負能量的內容。雖然這些事情並沒有真實地發生在你的身上，卻能夠影響你的情緒，甚至改變你的認知和觀念。除此之外，當人們產生恐懼、焦慮的負面情緒並且沒有及時緩解時，容易傾向於尋找一些不恰當的方法來進行自我補償和安慰，如喝酒、抽菸、暴飲暴食、盲目消費等等。

我接觸過很多重度懶癌、拖延症患者，他們在父母眼中可能一無是處、消沉頹廢，但他們也有很多閃光點，只不過他們的內心有很多的「痛點」，他們覺得自己無能為力，沒辦法真正去解決，於是選擇自我放棄，用一些不太合適的方式來減輕壓力。

我認識這樣一個女孩。她的父母對她的管理很嚴格，他們對她抱有極高的期望。為了供她念書，父母起早貪黑吃了很多苦。

她從小成績優異，她對我說過最多的話就是，她要好好努力，今後讓父母過上好日子，好好孝順他們。

她所背負的壓力終於在高中時徹底爆發。當時，她同學的父親因為一場意外去世了，這給她帶來了極大的震撼，她十分害怕自己的父母會老去，更害怕他們會突然離開自己。她覺得她的努力在現實面前太微不足道了。

就這樣，在巨大的思想壓力下，她的自控系統崩潰了，原本刻苦努力的她像變了一個人，上課不專心聽講，作業也不完成，成績一落千丈。成績的下降讓她感覺更加對不起父母，壓力更大、更頹廢。

當然，很多時候是我們給自己製造恐懼的情緒。明知道自己會害怕卻總愛看一些負面的、駭人聽聞的資訊，一邊追求著感官上的刺激，一邊吃著宵夜、喝著酒安慰著自己受到驚嚇的心靈。

我曾看過一部著名的投毒案件紀錄片，毫不誇張地說，整整一週的時間我的注意力都不怎麼集中，一閉上眼就是受害者那張扭曲詭異的臉，幾乎沒完成任何工作。和家人朋友聊天時，我明明已經害怕得要死，不想再去回憶，可依舊控制不住地向他們轉述內容。

對於如何解決情緒所造成的自律系統失效的問題，我有以下三點建議：

　　一是少閱讀、觀看那些會讓你感覺恐懼的負面新聞、視頻等節目。不要為了尋求視覺上的刺激或滿足自己的好奇心而去看那些如車禍、靈異、癌症、情感糾紛、刑事案件等負面的無意義的內容，還有盡量少接觸負能量的人。從自身做起，讓自己盡可能地處於一個健康活潑的資訊圈中。

　　二是當你發現自己想要拖延、尋找安慰或放縱時，可以停下來幾分鐘，問問自己為什麼會有這樣的想法。如果是因為恐懼的話，不妨問問自己到底在害怕什麼，為什麼害怕。透過和自己對話的方式來正視恐懼。有時候哭出來、說出來後也就釋然了。

　　三是如果遇到一些突發的情況導致自己情緒低落，可以給自己一小段時間來緩解，如透過唱歌、運動、哭泣、寫日記等方式，但前提是一定要避免反芻式思考，不要讓自己陷入「回憶—猜測—假設」的思維怪圈中。

難題六：缺乏執行的動力

　　如果一個人長期處於相對穩定且舒適的狀態中，容易產生惰性。即使內心想要改變，也沒有足夠的動力和激情，總覺得自己現在的狀態還可以，還沒到亟需改變的時候。

　　網上流行這樣一個段子：「你的對手在看書，你的仇人在磨刀。你的閨密在減肥，隔壁老王在練腰。」我們必須不斷學習，否則我們將被學習者超越。一想到自己會被比下去、被身邊的人

超越，我們就會害怕，會有一種很難受的感覺。但其實這種感覺是一種積極性誘因，它往往能讓人下定決心，激發出人的潛能，取得非凡的成績。

　　我有個朋友一直嚷嚷著要考研究所，說了有兩三年了。直到有一天她把我們幾個朋友約出來，在飯桌上鄭重其事地宣布她辭職了，她要考研究所。當時的空氣都好像靜止了一樣。直到另一個朋友說：「你是想要休息一段時間然後跳槽吧！」可是她卻非常嚴肅地說：「我要考，而且一定要考上！」後來她真的考上了。

　　事後我才知道，原來她的確想繼續念書，但心有餘而力不足，當時她有穩定的工作，收入也還可以，上班八小時，下班購物、看電影，過得挺悠哉的，完全沒有靜下心來學習的念頭。直到她得知前男友結婚的消息，第二天她就覺得自己不能再待在這個舒適區裡了，她要改變。

　　當她想要偷懶放棄時，她就會打開前男友的朋友圈，看著一張張前任和新歡的合照，她頓時將痛苦化為動力，發誓要變得比以前更優秀，讓前男友後悔。

　　雖然當時促使她真正下定決心考研究所的想法有些幼稚，可這招的確起到了顯著的效果，現在的她十分優秀，還有了新的感情。每當說起她的這一段歷史，她都會哈哈大笑，直言她這是現代版「臥薪嚐膽」，還說戀人分手了千萬不能加入黑名單，懶惰

的時候拿來看看，保準你立刻像打了雞血一樣充滿鬥志。

難題七：進入倦怠期後感覺枯燥無聊

　　這可以說是習慣培養過程中的最後一道障礙了。我們在刻意重複一個行為時，前期的阻力是最大的，但也是最有動力的時候。而我們不可能無緣無故地想要去養成某個習慣，或是想要堅持某一件事情，一定是有所期待，想要得到什麼、改變什麼或是害怕面臨什麼，而這就是我們執行的動力來源。動力要嘛來源於希望，要嘛來源於恐懼。可這一切都會隨著時間的推移而慢慢趨緩減弱。

　　此時可能會覺得這樣的堅持沒有看到什麼效果，感覺無聊乏味，做不做沒什麼兩樣，而這正是放棄的原因。

　　當你發現自己有了這種想法，一是可以小小地歡呼一下，因為這代表你刻意重複的行動馬上就要成為習慣了；二是要給自己找點樂子，進行最後的堅持。

　　首先要學會給自己的計畫增添新意。當我們每天重複一個相同的計畫時，會對它越來越熟悉，但也會感覺越來越枯燥，熟練後我們可以給計畫適當增加一些小小的變化，主動營造一點陌生感，增添挑戰的樂趣。

　　例如，你規定自己每天背三十個英語單詞，經過十天的努力，你開始慢慢適應了這個計畫。此時你可以在原有計畫的基礎

上再增加一個新的玩法，如每天玩十分鐘的單詞益智遊戲，如
Alphabear（字母小熊）、Wordament（一款拼字遊戲）等。

　　或者你要求自己每天在電腦上寫作一小時，而當你漸漸適應
這個計畫後，你可以透過更換鍵盤、使用鍵盤貼紙、下載新的寫
作軟體、使用新的字體等方法來增加一些新鮮感。

　　有時我還會想辦法變換「行動道具」。比如，原來我是使用
便箋來記錄每日的待辦事項，但過一段時間後我會使用白色卡片
來記錄，並用鉛筆在卡片上寫上要做的事情，一張卡片記錄一
項，這樣我的手裡就有一副「計畫撲克」，每完成一項任務我就
收回一張卡片。

　　總之你可以利用道具來增加任務執行中的樂趣。這樣做必須
遵循兩個原則：一、簡單易行，不要過於複雜；二、所增加的變
化只是用於輔助，不能影響原來的計畫。

　　其次，用行動的意義代替期待的效果。在漸漸適應了計畫之
後，你往往會有一種落差感，一開始滿懷期待地希望可以透過做
些什麼來實現自己的願望，可真正努力了一段時間後卻覺得這樣
做並沒有什麼效果，這也是倦怠期放棄的重要原因。有了這樣的
想法後，我們可以拿出一點時間來給自己的行動計畫尋找意義，
它能夠為我們提供持續行動的驅動力。

　　我們做事的動機從來源上大致分為兩種，一種是外在動機，
一種是內在動機。外在動機包括鼓勵、表揚、獎勵、榮譽、批

評、壓力、財富、回報等，內在動機包括興趣、愛好、意義等。

同樣是讀書，提供行為動力的來源可以是內在的，也可以是外在的。有人讀書是因為享受讀書的過程，喜歡書中所講的內容，覺得有趣、可滿足好奇心，這就是內在動機驅使著他讀書。也有人讀書是因為利益驅使，透過讀書學習知識賺錢，自我炫耀。將書中的知識當成和他人聊天時的談資，或為了塑造人設、收穫別人的表揚和好感。這就是外在動機在驅使著他讀書。

由此可見，挖掘自己做事的內在動機、追求做事的意義要比追求效果更可靠，因為它既能讓你渴望去做一件事情，又不會讓你過分在乎是否能夠得到回報。

兩種動機其實並無優劣之分，只不過內在動機所提供的動力往往要比外在動機持久得多，但外在動機也有它自己的優勢，通常在一開始時它十分奏效，能夠讓人更快地進入狀態、激發行為。比如我剛開始玩拼圖是想要在朋友圈打造一個稍顯小眾的「人設」，抱著炫耀的心態去拼圖，這就是外部動機。當我完成了第一幅拼圖後，那種成就感和滿足感讓我感覺良好。當拼第二幅拼圖時，我漸漸對此產生了興趣，我越來越享受那種將一堆混亂的小卡片分好類，將它們放到正確的位置上，一點點拼湊成一幅完整畫面的過程。這時執行的動力就更多的是源於內在的動力了。

當你覺得自己執行計畫時的外部驅動力不足時，可以停下來

想一想做這件事本身的意義有哪些，然後用這些意義替代原來預想的那些回報，這能幫助我們更專注於執行本身，也能更好地堅持下來。

在內容創業時代，內容本身就是產品，內容生產者可以利用創作好的內容來獲取一定的回報。對於很多人來說，一開始更多的是外在動機驅使著他們選擇在下班後拍視頻、寫文章。可堅持了一段時間後他們發現自己的作品並沒有帶來什麼回報，原先起主導作用的外在動機就受到了衝擊。

此時我們可以馬上尋找內在動機。從事寫作、拍視頻等內容創作行為有什麼意義呢？可以分享自己的觀點、知識和經驗給那些有需求和感興趣的人，這對他們有所幫助；寫作和拍攝能夠讓自己靜下心來成為一個創造者，從無到有，透過遣詞造句來理清思路更好地消化知識；可以透過將作品發表到網路上吸引和結識更多志同道合的人；可以透過拍視頻的方式記錄自己生活中的點點滴滴，幫助自己發現當下的美好、記錄平凡的瞬間；在寫作、視頻製作的後期，敲打著鍵盤、移動著滑鼠，一邊感受著時間的流逝，一邊用作品留住時間和記憶；你的作品能夠解決讀者的某個問題，或是讓觀眾會心一笑……

這樣將你做這件事情本身的意義一條一條列出來，你會漸漸發現這些意義要比你當初死心塌地追求的回報更有價值，也更有吸引力。更重要的是，這些意義要比那些回報可靠且確定得多，它就擺在那裡，你只要去做就能得到。

第五章

習慣養成的十四大原則

第一節　原則一：少即是多，為自己「做減法」

　　現代主義建築大師路德維希・密斯・凡德羅曾經提出一個著名的觀點，「Less is more」（少即是多）。雖然這個觀點是針對建築領域的，但我認為「少即是多」是普遍適用於生活各個方面的真理。

　　在前面的文章中我講過，我們之所以無法完成計畫，很大程度上是因為我們總想要在較短的時間內收穫較多的回報。這具體表現在以下三個方面：

　　一是當我們下定決心想要改變時，會不由自主地制定出各種計畫來填滿一天的生活，覺得只要有一點娛樂時間就都是在浪費生命。在我們看來，下定決心彷彿吃了靈丹妙藥一樣，能夠思維清晰、精神抖擻、意志堅定、高效執行一整天。

　　二是我們一開始就對自己提出很高的要求，在制定計畫時還會很自信地認為這些要求對自己來說都是非常簡單的。

　　三是我們希望自己的努力能夠達到立竿見影的效果。

　　一旦發現自己在執行過程中沒有實現以上三點，先前「雄赳赳，氣昂昂」的樣子馬上就會變得頹廢下來，進而宣告計畫失敗。

　　可以看出，大多數導致失敗的原因都離不開這幾個關鍵字：目標多、計畫重、要求高、速度快。我們一直逼著自己「做加法」，卻絲毫沒有發現原來成功的秘訣恰恰是「做減法」。

　　「目標多」變為「一個階段只設立一到三個目標」。在制定計畫和養成習慣的過程中，千萬注意，一個階段的行動目標不要過多，其總數控制在一到三個最為合適，且同類目標最多制定兩個。

　　「計畫重」變為「只制定每日最低行動量」。在制定計畫時，千萬不要以自己的最佳狀態為標準，因為它不是常態，說句更傷人的話，它僅僅只是一個例外。相信我，你的最佳狀態很有可能一個月只有一次，它真的不會每天來光顧。

　　與其讓自己頻繁地陷入「做不到」的苦痛境地，不如放過自己，以自己最差的狀態為標準來制定任務量。

　　你在最好的狀態一天能背五十個單詞。但並不代表你每天都

能背五十個單詞。任何計畫一旦在前面冠以「每天」這個詞，難度都會直線上升。想想在你狀態最差的時候你能夠背多少個單詞？背一個單詞，這是絕對可以做到的吧，好，那就將每天背一個單詞作為你每日拓展英語詞彙量的計畫。

千萬不要這樣想：一天背一個，一年才背三百六十五個，這樣要十多年才能背完英語四級所要求的單詞，到時候黃花菜都涼了！

一天背一個單詞，不代表一天只能背一個單詞，在你能承受的範圍內，你完全可以超額完成任務，沒有明確的數量規定，只要保證每天最少背一個單詞即可。只有先將這個行動養成習慣，才有資格談數量。不要總想著趕進度，想要走得遠一定要慢步行走。

我敢向你保證，如果你真的這樣去做的話，一年下來你所積累的單詞量會遠遠超出你的預想。這就是制定計畫時的心理戰術，看似目標很小，不起眼，但實際效用卻很大。這樣制定出來的計畫既合理又有效，還避免了「雷聲大，雨點小」慘澹收場的尷尬局面。

「要求高」變為「允許自己犯錯，找到自己每一個小小的進步」。在執行的過程中，千萬不要犯完美主義的毛病。有時候「眼裡揉不進沙子」並不是好習慣，要學會「睜一隻眼閉一隻眼」。我們是人，而且是很普通的人，我們真的無法一開始就進

入狀態，做到最好。

前段時間我受邀參加了一個探討原生家庭教育的交流會，說實話，這場會議更像是一個對父母教育方式的「批鬥會」。其中被人們提及最多的就是父母對子女的要求高、從不誇讚、只會指出錯誤。

這種教育方式當然是不對的，誰也不希望自己的父母這樣對待自己，可是換個角度想想，我們何嘗不是這樣對待自己的呢？我們在和自己相處時也是提出種種要求，經常關注著自己做得不好的地方，對自己的閃光點百般忽視。責備無法解決問題，只會讓自己越來越喜歡逃避問題。

在制定計畫時，最好的要求就是不做要求。我在剛開始計畫看書時就要求自己必須認真看，規定閱讀的速度，看完之後還要求自己合上書複述。那時對於不喜歡看書的我來說，這些要求真的太高了，我根本做不到。

越做不到就越生自己的氣，同時自己就越害怕看書、越排斥看書。當我慢慢將要求降為零時，前面幾天我真的就只是在看書，更準確地說是用眼睛掃過書上的字，心裡面默讀一遍，心思並不在這裡。但堅持了幾天後，每次看書都會有一點進步，慢慢地能看進去了。

現在的我對自己當初的要求都能輕鬆達到。當然，這並不代表我不會再犯錯。有時候我看書依然會玩手機、走神，如果放在

過去，我肯定會認定今天的執行是失敗的，既然失敗了那今天就不看了，明天起我保證不犯錯了，然而明天繼續犯錯。現在我會意識到自己做錯了，但不會批判自己，而是鼓勵自己認真地看完剩下的內容。

做任何事情，都存在著一個成長的規律，我們不要人為地去干擾它。尊重這個規律，選擇相信自己，拿出充足的時間來讓自己慢慢適應，一點點進步，不再把自己當作監督的對象。

成長就是一個和自己握手言和的過程。比如，你的目標是減肥，平時需要嚴格控制飲食。但有一天你實在是太饞了，就吃了一小塊蛋糕。吃了就吃了，允許自己犯錯，提醒自己下次注意就好了。而不是反正都破戒了，那就吃個痛快，等到明天再去節食。這樣的減肥永遠不會有效果。

在執行過程中，要允許自己犯錯誤，每天找到執行中的小小進步，只有這樣你才能做到知錯就改、及時止損。

「速度快」變為「不追求速度，只追求意義」。追求速度就是在追求做事的回報，即是上一節中所講的外在動機。當外在動機佔主導地位時，我們會不由自主地思考如何讓回報來得更快、收穫得更多。

浮躁和功利會大大腐蝕一個人的毅力和耐心，還會給自己帶來更多的壓力。在某些自我提升的書籍中，也主張人們寫下自己的奮鬥目標，如「我要在一年之內工作收入達到多少」。坦白

說，我一點都不鼓勵這樣的做法。為了提高收入而去努力工作，就是在一味地加強外在動機，這樣的確能夠在一開始就讓我們感覺非常興奮，更願意付出努力，但其副作用也很明顯。

一是容易變得急於求成，將重點錯誤地放在了如何更快地賺錢上，思路完全跑偏，容易走彎路，也容易被騙。我接觸過很多這樣的人，他們的確有很明確的收入目標，但卻並沒有將心思放在好好工作和好好學習上，一邊敷衍著工作一邊想著哪個行業更賺錢、哪個工作門檻不高但收入誘人。

二是容易因為過於在意回報而產生壓力和焦慮，會讓人因為看不到希望而選擇自我放棄、半途而廢。

當然，我並不是說所有透過外在動機維持行動的人都會有這兩個問題，更不代表我們在制定計畫時不能利用外在動機、做事也不能談回報。獎賞、表揚、壓力、榮譽、回報等外在動機在一開始的確是有很強的引導行動的作用，在制定計畫和執行初期，我們是可以透過挖掘外在動機來誘導自己去付出努力的。最好在執行的過程中多多感受做這件事本身的意義，逐漸讓內在動機佔據主導地位，這樣不僅能讓你做事更有耐心、更投入、更享受，還能避免心態失衡，少產生不必要的心理壓力和焦慮。

功到自然成，我們都知道功夫要下到位，但順其自然也十分重要。

第二節　原則二：制定計畫要「立足當下」

　　我之前有個毛病，制定計畫時喜歡為未來操心。考慮的事情都是以後的事，而這些事情根本沒有必要現在擔心，致使白白浪費了很多時間。這也違背了制定計畫要立足當下的原則。

　　當今社會，人們對金錢充滿渴望，以致制定計畫，也會抱著「等我有錢後」的前提。從這一點就能看出我們的計畫是多麼的缺乏可執行性。我們有太多的計畫，卻很少有基於當下的。細想一下就知道，「等我有錢後」並不是必需的，而是一個將本來現在就能做的事情推到了未來，這樣既能讓自己成為虛假的、有上進心的人，還能夠麻痺內心，免於自責。

　　要問世間最難的事是什麼，我覺得就是活在當下，接受當下的自己。可我們所確定的目標和計畫，常常都是給理想中的自己

量身打造的。那如何確保自己在確定目標和計畫時遵循了當下原則呢？你可以問自己這樣幾個問題：

我是基於什麼制定的目標？（原因是什麼？外在動機是什麼？內在動機是什麼？）

這個目標能否現在就開始執行？（如果不能，可以列出執行的條件，然後放到未來的目標清單中。）

這個目標對我來說緊急嗎？

這個目標對我有多重要呢？

這個目標和我當前的狀態相比又有多大的差距呢？

判斷某個目標是否可行的方法其實很簡單，就是看你想到這個目標時內心是否會產生恐懼。如果你根本不相信自己能成功，那證明以你目前的實力該目標有些「超綱」了，你需要先對其進行細化，細化成一個以你當下的能力能夠支撐自己所達到的目標。

目標和計畫不能一成不變，需要隨著當前自身能力的變化而變化。比如，你想要讓自己養成每週看一本書的習慣，但過去的你很排斥讀書，一讀書就犯睏走神。那麼在一開始這就是你真實的狀態和水準，目標和計畫要以此為基礎來定。

第一階段的目標可以是每天在一個安靜的環境下閱讀一分鐘（每日最低任務量），連續堅持三十天。

第一階段的計畫是：

第一步：從讀書相關網站中根據自己的興趣挑選一本書。比如，我選擇了《百年孤寂》這本書。

第二步：將買好的書放在自己的床頭櫃上，規定自己每天睡覺前至少閱讀一分鐘。為了更好地提醒自己，我用一個黃色便箋寫好提醒讀書的字樣，貼到了床頭。

第三步：列印每日目標執行進展紀錄表和每日刻意行動觀察紀錄表。

第四步：完成上述三個步驟後，開始行動。

可以看出，第一階段的目標是十分容易實現的，只對閱讀的時間做了一個近乎為零的要求，並沒有對閱讀的品質和速度做出任何規定。完成第一階段的目標後，那時的你一定會比最初時有所進步，如果再用這個目標和計畫就和能力不相匹配了。屆時就可以將目標調整為：每天在一個安靜的環境下閱讀五分鐘，閱讀完之後在能夠翻書回顧的情況下複述其中一個小觀點或小故事。（每日最低任務量）

總之，制定的目標要立足於當下的自己，並和自己當前的能力相匹配。

第三節　原則三：制定目標時要遠近結合，主次分明

　　一提起目標，往往我們想到的都是收入目標、學習目標和事業目標，我想達到年薪百萬、成為朋友圈最博學的人、有自己的公司。但如果你的目標僅限於此的話，只能證明你的關注點已經失衡。而一個平衡的目標生態通常包括以下幾個方面：學習提升、工作事業、財務狀況、身體健康、家庭關係、感情生活、人際交往、娛樂享受。

學習提升　　　工作事業　　　財務狀況　　　身體健康

家庭關係　　　感情生活　　　人際交往　　　娛樂享受

　　它們就像是人生列車的八個車輪，缺一不可。

　　詩人聶魯達說過這樣一句話：「為什麼我們花了那麼多的時間長大卻只是為了分離？」在我們追求夢想時，犧牲的往往是陪伴父母和家人的時間，我們總以為未來會有充足的時間，殊不知「子欲養而親不待」，別因為忙於追逐而忘記珍惜眼前的人和事。

　　在制定年度目標時，不妨再看一看是否做到了平衡法則，有沒有過分執著於某個方面的進步而忽視了其他方面？目標真的不僅僅只體現在物質追求上。也許你覺得只有帶著父母環遊世界，讓他們穿好的吃好的才是孝敬。於是為了這個目標你沒日沒夜地工作，連給父母打通電話、視頻聊天的時間都沒有。

　　想要提升經濟實力沒什麼不對。但如果過分依賴物質，將衡量一切的標準都聯繫到自身的經濟實力上，那樣的做法就實在是太愚蠢了。

　　在我看來，提升自己的收入是有意義的目標，每天跟父母視頻聊天二十分鐘也是有意義的目標。

　　目標還分為中長期目標和短期目標。比如，想要透過寫作來成為某個領域的關鍵意見領袖，就是中長期目標。這麼做見效慢，需要付出長期不懈的努力來做垂直分享，但當量變積累到一定程度後就會得到質的飛躍，往往能取得意想不到的成績。

　　又比如，運用斷捨離的技巧整理房間和衣櫃就是短期目標。短期目標的好處在於見效快、更容易實現，只要付諸行動效果就會一目了然。短期目標可以根據自己當時的情況臨時補充。中長期目標則需要更長的時間，但也更有意義、更具挑戰性。

　　目標的制定就是要講求平衡，遠近結合、主次分明。

第四節　原則四：創造積極誘因，激勵自己

　　我們在講解誘因矩陣時，談到可以透過觀察自己來確定生活中接觸的是哪方面的誘因，然後根據觀察結果進行調整。

　　在執行中，我們可以主動出擊創造一些有積極意義的誘因，以激勵和影響自己，透過持續的努力來接近目標。

　　具體的方法有：

一、制定合理的獎勵

　　我們可以將每日目標執行進展紀錄表列印出來，每日完成任務後在當天的日期上打勾，規定好連續堅持多少天給自己一個獎勵。獎勵的內容也必須是積極的，千萬不能是另外一個領域的放縱，更不能和計畫本身相悖。

每天看書30分鐘　　完成並打卡記錄　　連續堅持一週
　　　　　　　　　　　　　　　　　　獎勵週末打球

把堅持當成一場「打怪贏獎勵」的遊戲

　　沒必要將獎勵模式做得太複雜，規則越簡單越好。之前我特別喜歡玩「吃雞」遊戲，每天都想玩。當我發現自己有這個苗頭時，馬上將其補充到計畫書上。規定要想玩遊戲，必須先高品質完成當天的任務或是進行一項新的、有意義的體驗。且只能玩一局，哪怕是「落地成盒」，剛進遊戲就遊戲結束，也不能再玩。還想玩的話，就要繼續完成其他任務。

二、學會每天讚揚自己

　　每天晚上睡覺前，躺在床上回顧自己當天做的事情，花五分鐘找出自己這一天的進步之處，肯定和讚揚自己。如果當天有做得不好的地方或是有不愉快的經歷，我還會總結經驗教訓，恭喜自己又學習到了新的東西。總之不會再以一個自我埋怨、自我批評的視角去看待問題，讓自己變得有耐心起來，接受自己的不足，稱讚自己的每一個進步。

三、和志同道合的人交流

　　如果人際圈狹窄，你可以透過互聯網找到並加入和自己目標計畫相關的論壇或社群，那裡有很多與你志同道合的網友，甚至還有能力出眾的人物，在與他們的交流中，你能快速進入狀態。

四、制定小小的「懲罰機制」

　　這裡的懲罰並不是讓自己寫悔過書，責罵自己，或是採用一些極端的行為自我虐待，那樣會適得其反。

　　適當的小小懲罰是挫退性誘因，雖然當時給自己帶來的感覺不太好，但從長遠角度看，還是對提升執行力有一定幫助的。

　　不過這一招要因人而異。就拿我這種執行力差的人來說，我自己試過很多次，再恐怖的懲罰都嚇不倒我。所以我個人是沒有使用這一招的。

　　過去，我嘗試過幾類比較典型的自我懲罰方法。

　　1. 現金懲罰

　　規則：在月初時，給自己一定金額的零用錢，用於本月消費。然後開始執行計畫，哪天沒有完成任務，哪天扣掉一些零用錢，強制儲蓄，沒有完成任務的天數越多，懲罰的金額越高。

　　比如，你這個月的零用錢為 10,000 元。你規定自己每天臨摹

一篇字帖，如果首次沒有完成的話，要從本月的零用錢中扣掉250元，第二次沒有完成的話要扣掉500元，以此類推。

這個方法的效果相對較好，推薦使用。

現在也有這方面的手機軟體，大致的原理就是你制定一個計畫然後交錢，如果計畫沒有完成，平臺則會分走一部分，剩下的分給其他參與者，我個人覺得是沒有必要借助這類軟體的，當然如果你覺得有用也可以試一試。

2. 損失厭惡

規則：想要學什麼技能，拿一部分錢用於這方面的投資，如果自己放棄的話，就會讓自己有經濟上的損失。

比如，你想要去健身房鍛鍊，就給自己辦一張年卡，當犯懶不想去時，就想一想自己會損失多少錢。學技能也是一樣，想要學畫畫，就去報個繪畫班，買一堆畫畫的裝備，當熱情消退時，想想自己曾投入的「真金白銀」，深入體會一下「肉疼」的感覺，為了錢也要強打起精神去學習。

我要先聲明的是，這一招只對一部分人管用，它在我身上沒有產生任何效果。

我不知道為什麼損失厭惡在我身上竟然不起作用。

我買的單眼相機和一堆鏡頭還在櫃子裡面吃灰，想當初我也是抱著好好學習攝影的想法去買的，可實際上，買回來之後除了

曬曬朋友圈，好像再也沒有動過了。

　　3. 懲罰自己喝苦瓜汁、做伏地挺身或是做一些自己不願意做的事情

　　規則：如果沒有完成任務的話，就懲罰自己喝一些苦的飲料，做一些「體罰」，做伏地挺身、仰臥起坐等等。或是做一些自己不願意做的事情，比如，告訴別人一個自己難以啟齒的秘密等。

　　這個是很多習慣養成類書籍所推薦的，但經過我個人的實踐後發現，這個方法效果較差。沒有完成任務，就是因為自我耗損的原因，意志力不足了，所以沒有辦法實現自控。可懲罰自己喝苦的飲品或是進行「體罰」，這也是需要意志力的啊。

　　當一個人的意志力不足以驅動他來完成任務了，又如何能驅使他去接受懲罰呢？

　　反正對於我來說，這一招的效果極其有限。

　　4. 懲罰自己去面對那些想要逃避的事情

　　我之前提到的那個考研究所的朋友，在自己想要放棄時制定的懲罰就是去看前任的朋友圈，主動找虐。她深知去看前任秀恩愛會讓自己十分難受，所以只要有放棄的念頭時，想一想要面臨的懲罰後也就只能咬牙堅持。就算是某天真的沒有完成複習任

務，她去看了前任朋友圈後，也會因為受打擊而重新燃起自我改變的鬥志，開始繼續學習。

　　她這種就屬於懲罰自己面對想要逃避的事情，這個效果還是不錯的，前提是掌握好度。最好不要選擇那種自己無法掌控的事情，讓自己經常性地面對這些會加重無力感，導致更嚴重的自我耗損。

　　最好想一想生活中有哪些自己想要逃避，不願面對但透過自身的努力能夠一點點解決的事情。專門在自己想要頹廢度日的時候看一看，包準你立刻精神抖擻，幹勁十足。這是點燃你鬥志的秘密武器！

第五節 原則五：不要貪心地制定更多目標

通常，我們制定的每日任務量都是最低標準，幾乎每天都能超額完成。但要注意，可以讓自己超額完成，但不能貪心地去制定更多的中長期目標。

比如，你之前制定的目標是每天寫50字的小短文。當你實踐後發現自己能夠輕鬆完成，於是想著反正還有充裕的精力和時間，不如再去制定更多的中長期目標。

我在前文中講過，我們之所以只制定每日最低的任務量其實是在和大腦做遊戲，給自己一個較大的執行空間，狀態不好則少做點，狀態好就多做點，而不是滿足於每天只完成最低目標。

　　這就好比你想將一個釘子牢牢地釘進木板裡，再去釘其他的釘子一樣。你不能釘一下這個再釘一下那個，最終導致所有的釘子都不牢固。

第六節　原則六：不要過度調高自己的期待值

　　我們很可能在使用「0＋1＋N行動法」落實計畫表上的任務時，覺得這實在是太容易完成了，容易到我們不屑去完成。

　　每天寫作10個字。

　　每天閱讀一分鐘。

　　每天做一個仰臥起坐。

　　每天跑步10公尺。

　　每天整理一件衣服。

　　每天臨摹一個字。

　　…………

　　這幾乎是站在原地向前挪了一小步而已。每個正常人都能輕鬆完成。但在具體的執行過程中，你很有可能是表面上按照這個方法去做，實際上仍然是以內心的標準來要求自己。

　　比如，第一天你臨摹了一頁字帖，你覺得這很簡單，第二天再去臨摹時，你就不再以計畫表上規定的「每日臨摹一個字」為標準了，而是以「每日臨摹一頁字帖」作為基本要求。這就讓「0＋1＋N行動法」失去了意義，回到了過去的老樣子，讓自己背負著「目標多、計畫重、要求高、速度快」的重重枷鎖，陷入「無法完成─內疚自責─放縱放棄」的閉環。

　　標準越低，留給自己進步的空間就越大；自由度越高，帶來的壓力就越小；超額完成的渴望越強，完成的成就感也就越大。這是習慣養成的秘訣所在。

第七節　原則七：學會疏導情緒

　　情緒是一種個體主觀的感受，也是客觀的生理反應。積極的情緒會讓我們感覺良好，消極情緒則會讓我們的感覺變得糟糕。

　　當我們產生消極情緒時就會本能地想要消滅它，並從中逃離出來，於是想方設法地安慰自己，讓自己振作起來，讓好心情快點回來。事實上我們無法真正掌控情緒或消滅情緒，強迫自己這樣做，反而會讓自己變得焦躁。

　　當情緒低落時我們能做到的不是強迫自己，而是學會接受、表達和疏導自己的消極情緒。

　　接受自己的消極情緒：勇敢地承認自己現在心情不好，不要去質問自己為什麼總是情緒很低落，更不要去嚇唬自己，懷疑自己是否有憂鬱的傾向。消極情緒並沒有我們想像中的那麼可怕。

想到未來就會有恐懼，一個人會感到寂寞，分手了會痛苦，做錯事情會害怕、內疚和自責，分別時會不捨等等，這些都是再正常不過的反應了。

表達自己的消極情緒：當消極情緒來襲時，可以透過寫日記、和自己對話、和家人朋友傾訴、畫畫等方式將心中的不快和想法表達出來，不用講究什麼邏輯和條理，想到什麼就說什麼。但要注意，單純地表達和釋放，不要想著為什麼我都說了，可心情還是很差呢？不要以盡快從消極情緒中逃離出來為目的去做，這樣只會越反抗越沉溺其中。

從消極情緒中找積極意義：將自己的消極情緒表達出來後，可以告訴自己任何事情都是具有兩面性的，思考導致自己情緒低落的這件事情又有哪些積極意義。

比如，你辛苦加班了好幾天將寫好的報告交給上司後卻被退回，還被當眾批評寫得差。遇到這樣的事情你肯定會崩潰。被上司批評會讓你的自信心受到打擊，還會讓你在同事面前沒面子，於是你開始懷疑自己是否能夠勝任這份工作，想要打退堂鼓。可轉念一想，上司的批評指出了自己從未發現的問題，你找到了自己努力的方向，而當著那麼多人的面被批評則可以讓你的承受能力變得更強，這些都是你所得到的收穫。

疏導自己的消極情緒：最後一步就是做一些事情轉移自己的注意力，比如出去散散步、打打遊戲、看看漫畫書和小說、唱唱

歌等。不要強迫自己馬上從難過的情緒中走出來，從不開心到開心總有一個過程，你有難過的權利，允許自己慢慢調整。

　　情緒低落時對執行的抵觸也會變強。在你做完上述步驟後，你可以只要求自己完成當天任務的最低量。

第八節　原則八：避開疲勞區，合理配置精力

如果不是因為條件的限制或是遇到意外情況，原本能在白天完成的事情最好不要拖到晚上。同樣，週一到週五能夠完成的事情不要拖到週六週日。

哥倫比亞大學教授喬納森・萊瓦夫和里奧拉・阿夫納姆—佩索阿在2011年針對以色列假釋委員會1100多項決定做了個關於影響判決決策的研究。

他們研究發現，法官在審查案件的一整天中有兩次休息時間，分別為上午十點鐘和下午一點鐘。在這兩個時間段，法官除了能夠休息還能吃一些食物。這樣法官處理案件的時間就被分為三個部分，第一部分是吃完早餐開始審案到上午十點鐘，第二部分是上午十點休息過後到下午一點鐘吃午飯，第三部分是午飯過

後到傍晚。

他們發現了一個有趣的現象：早上法官吃過早餐之後同意犯人被假釋的機率是最高的，接近70%。隨著時間的推移開始遞減，到了傍晚，法官同意犯人的假釋請求的機率不到10%。難道是這些法官對在早晨申請假釋的犯人優待，對傍晚的犯人有意刁難嗎？

並不是，這是因為決策疲勞。決策疲勞指的是當大腦做出的決策越多時，就會越疲憊，自我損耗就越大。同樣，你的意志力損耗越多，你做出理性決定的能力就越弱，緊接著就會魯莽決定、屈服於誘惑、不想做選擇、懶得做，掉進拖延的狀態中。

案例中的法官在經歷了一天的審判之後，大腦已經變得十分疲勞。這時大腦就會傾向於不做選擇和決定，所以在傍晚同意犯人假釋的機率才會變得如此之低。

在2019年公布的富比士全球億萬富豪榜單中，Facebook創始人馬克·祖克柏以623億美元排名第八位。但他並不像電視劇中的霸道總裁那樣，每天都會有不一樣的服飾搭配，而是經常穿一件灰色的圓領T恤和帽T。

對此，他是這樣解釋的：「我想讓我的生活盡可能變得簡單，不用為做太多決定而費神。這樣才能把精力集中在更好地為社會服務這些重要的事情上……我真的很幸運，我每天早上醒來

能幫助超過十億的人。如果我把精力花在一些愚蠢、輕率的事情上，我會覺得我沒有做好我的工作。」

祖克柏知道每天很多小事都需要做決策，這些都在消耗意志力，盡量減少做無意義的決策能夠很好地節省精力，以便將其用在更重要的事情上。

現在想想，你是不是也有這樣的經歷：每天早上醒來後鬥志昂揚，是一天中最自律的時候，可隨著時間的推移，感覺越來越「懶」，本來下午就能完成的事情，非要找找藉口拖延到晚上去做，等到了晚上後又發現自己什麼都不想做。

這是因為經過一夜的休息，早上的意志力是最強的。但在白天的時候，你的大腦一直在工作、一直在做選擇，意志力逐漸減弱，到了晚上大腦已經很疲憊了，很難再去抵制誘惑、督促自己完成任務了。雖然晚上確實已經結束了一天的工作，有了能夠自由支配的時間，但因為決策疲勞，意志力已經所剩無幾。

我們明白了這個道理後，應該如何減少決策疲勞對自己的負面影響呢？如果條件允許的話，可以在早上意志力最強的時候完成一天的任務，除非是實在沒有時間或是遇到一些突發的情況不得已推遲，盡量不要拖到晚上去做。

另外減少做不必要的決定。當然這並不是提倡你去過日復一日、缺乏改變的生活，而是要分清楚主次。諸如我要穿什麼衣服、明天吃什麼等等這類事情，可以在前一天的晚上睡前提前計

畫好，第二天照做就可以了。

　　你還需要盡量避免接觸那些容易讓你分散注意力的事物。生活中有哪些事物容易讓你分心呢？工作時桌面上提示音不斷的手機，和工作無關的漫畫、裝飾掛件，這些都會讓你的注意力分散，需要你動用意志力強迫自己工作。

　　你在生活中還有可能遇到那些和自己計畫相悖的事物，比如你正在戒糖，但你的同事卻在喝奶茶。你正在有意識地減少玩手機的時間，幾個室友卻約你打遊戲。當自己受到誘惑需要使用意志力進行選擇時，必然會造成不必要的損耗。

　　因此，盡量減少和誘惑的接觸，別人喝奶茶時你就先離開一會兒，或閉著眼睛聽一會兒音樂。對於一些不緊急但卻有些繁瑣的事情，如訂哪個時間的機票、去旅遊時要做的遊玩攻略、買車選擇哪個配置等，則可以將其細分，然後提前處理。

第九節　原則九：「以退為進」，細分目標

不知道你有沒有過這樣的經歷，每個月總有那麼一兩天心情不好，看誰都不順眼，做什麼都提不起精神。我將其稱為「心情低落期」。當我們應該去完成制定的任務時會覺得很疲憊、提不起精神來，沒有那個心情和精力去做。此時往往是內心最糾結的時刻。理智在告訴自己應該放下手機，拿起書本學習，可身體就是不受控制，不聽話，直到說服自己，今天先這樣，明天再開始。那個時候，心情是矛盾的，一邊會因為不用去完成任務而感到輕鬆自在，一邊又會因為選擇放棄而瞧不起自己。

我的經驗是，當你感覺疲憊，實在不想做的時候，可以允許自己先休息一會兒，或者玩會兒遊戲，但不要急著在這個時候做決定。因為此時的你極有可能屈服於誘惑，說服自己直接放棄，

選擇重新再來。

　　不要急著去做決定，而是先問問自己現在究竟想要做什麼，這需要多長時間。就像談判一樣，先滿足一下自己的需求，然後再去完成任務。

　　比如，現在你按照原定計畫應該去看書了，可剛剛吃完午飯的你有些睏了，一想到一會兒家人都在午休，只有自己一個人在那裡看書複習就會感覺特別累。這個時候就不要再糾結是應該休息還是應該學習了。既然感覺很疲倦，那就允許自己睡一會兒，也不要嚴格地要求只能睡三十分鐘或四十分鐘。要知道，對於現在的你來說感覺讓你睡多長時間都不夠，限制只會讓你心情更差，對學習更排斥。

　　有的朋友會覺得，這樣輕易放過自己難道不會讓日後的自己更加得寸進尺嗎？如果讓自己累了就休息，會不會一直休息然後繼續拖延下去呢？答案是否定的。當你很累或是心情很差、亟需休息和放鬆時，建議大家不要硬撐，一是因為你有極大的機率會直接選擇放棄；二是因為就算你逼迫著自己去學習，效率也會很差。讓自己休息和放鬆一會兒，會讓你的意志力恢復一些。那時再去面對同樣的任務，你內心的抵觸就會小很多，完成的效率也會更高。

　　在學校上體育課時，最讓人頭疼的應該就是長跑體能測試了

吧！我從小體質不好，屬於那種剛跑就進入「極點」狀態的類型。我至今都能回想起抬頭望著遙遠的終點跑得深一腳淺一腳的場景。

體育老師會告訴我們，中長跑時都會遇到「極點」現象，那時會感覺到呼吸困難、四肢發軟無力、胸口發悶、跑步動作沉重，甚至感覺身體不聽使喚，此時，需要用意志力堅持下去，加深呼吸、適當地放緩速度，過一會兒後就能突破「極點」，之前種種不適的感覺會減輕或是消失，這在運動生理學中被稱為第二次呼吸。

身體在運動時會有「極點」，堅持後能夠突破極限，意志力也是一樣的，出現「極點」時只是一種虛假的疲勞，並不是真的堅持不下去了，它只是提醒你離真正的極限還有很長的一段距離。如果有意識地去鍛鍊，你也能像運動員那樣不斷突破自我，讓意志力變得越來越強。

在出現意志力的「極點」時，盲目地讓自己去完成整個任務並不是個聰明的做法，這只會成為壓垮自己的最後一根稻草。

還記得前文提到的馬拉松運動員山田本一嗎？他知道自己的任務是跑完全程，但在真正執行時，卻會將目標細化成一個個超短距離，完成一個後又激勵自己完成下一個。

當執行任務遇到阻力時，也可以「退一步海闊天空」，臨時

將任務進行細分，然後告訴自己只要完成一小步就算成功。

　　比如，你最近在複習功課，今天需要完成第一章的複習。當自己不斷地找藉口拖延時，可以告訴自己，只需要完成第一節的複習就可以了，總之就是將目標縮小到你願意去做的程度。當完成了之後，再和自己商量要不再做兩道題。

　　又比如，今天應該去健身房鍛鍊，可是各種犯懶不想去。於是我會臨時將目標進行細化。我會告訴自己，今天如果去了健身房即便不鍛鍊身體，也算是完成任務。

　　這個目標就很好完成了，我去了健身房後，又會和自己商量，反正來都來了，要不就在跑步機上走兩步？然後又對自己說：「走都走了，要不就跑五分鐘。」就是靠這招「以退為進」來進行自我催眠，沒辦法，雖然我一把年紀，其實我還是個孩子呢。

　　透過將目標臨時細分以誘導自己去付諸行動，可以讓我們不再習慣於直接屈服於誘惑，宣告放棄。要知道，放棄也是很容易上癮的，當不想做時就放棄，就用藉口來敷衍自己，也會讓內心對自我的評分越來越低，直到認命，認為自己就是這麼一個人、沒救了。

　　當懶癌復發時，態度就顯得尤為重要了，你可以不必全部完成，但只要盡力去做，哪怕只前進了一小步，也算是成功的。

第十節　原則十：如何用「替換術」戒掉壞習慣

你在生活中有哪些想要戒掉的壞習慣呢？

睡前玩手機？

總吃垃圾食物？

愛吃甜食？

總是晚上吃宵夜，點外賣？

抽菸喝酒？

無節制消費？

沉迷於言情小說和電視劇？

‧‧‧‧‧‧‧‧‧‧‧‧

　　我相信，你一定嘗試過戒掉這些壞習慣，可往往堅持不了幾天就被打回原形。這時你可以使用無痛苦「替換術」將你的壞習慣替換掉。

　　要知道，我們通常在強迫自己戒掉某個壞習慣時，採取的策略就是不去做。這就很像是在告訴自己不要去想藍色，但越強迫自己不去想，卻越是想到藍色。戒掉某個壞習慣的成功祕訣並不是強迫自己不去做什麼，而是直截了當地告訴自己要去做什麼。

　　比如，有的人會特別喜歡看一些愛情電視劇和小說，劇情一般都是霸道總裁愛上灰姑娘或是各種開掛，整個地球都圍著主角轉。

　　這類劇用精神鴉片來形容也不為過。它們對於人們的實際生活的指導意義為零，完全是用於填補人們的精神空虛，迎合內心的幻想。「瑪麗蘇❶」也好，「傑克蘇❷」也罷，都是供男男女女精神自慰的產品罷了。稍微看看可以，如果整天追劇沉迷於此的話，既浪費時間又會影響到價值觀。

　　當你強迫自己不去看這些時，你的大腦會感覺無所事事。但如果你能找到一個同樣能夠滿足自己需求的方式來進行替換，情

---

❶ 瑪麗蘇（英語：Mary Sue）是角色類型，往往是一個原本平凡而低微的角色突然變得無所不能、過度理想化，被認為是作者寫作水平低下的表現。

❷ 傑克蘇（Jack Sue），與瑪麗蘇一樣都是指在同人文中虛構出一個真實劇情中沒有的主角，此男主角往往很好強很強大，與真實劇情中的人氣角色糾纏不清，曖昧不斷，異性緣超好。

況則會變得不一樣了。你可以想想自己為什麼喜歡看這種「無腦」的電視劇，一是因為無聊，想要打發時間；二是因為內心孤獨寂寞，在現實中缺少認可度。這兩點才是背後真正的原因，然後你就需要去找到能夠解決這兩個問題的具體方法。

　　能夠打發時間的行為有很多，如做手工、玩拼圖、看推理小說、畫數字油畫等等。找到自己的興趣愛好，將作品分享到網路上，和那些有共同興趣愛好的人交流，能夠收穫更多的認可和鼓勵，也能排遣內心的孤獨寂寞。這些都要比看「無腦」的電視劇有用得多。

　　我之前就沉迷於晚上吃宵夜，因為吃得太油膩，總是生病。明知道吃宵夜是不好的習慣，可我就是控制不住自己，一到那個時間肚子就咕嚕叫，連口水都比平時分泌得更快一些。

　　終於有一天，我下定決心戒掉這個壞習慣。我先弄清楚自己為什麼一到晚上九點就感覺很餓。我發現，那段時間我經常會看各種關於美食的短視頻和紀錄片。你想想，夜深人靜的時候，捧著手機看著螢幕裡的主持人吃得津津有味，怎麼可能不餓呢？

　　弄清了這一點，我便晚上不再看關於美食烹飪的視頻，改看其他片子，沒有誘惑自然也就沒有吃宵夜的欲望了。困擾我許久的問題就這麼輕鬆地解決了。

　　在使用這招無痛苦的「替換術」時，需要注意兩點。

　　大腦討厭不確定感，如果你想要戒掉某個壞習慣，一定要提前想好用什麼來將其替換掉。用於替換的行為最好是一個相對固定的行為，不要一直變來變去的。用於替換的行為方式最好要和原來的壞習慣一樣能夠滿足你當下的需求，這樣才有可能成功。

　　你想要戒掉玩遊戲，卻用學習演講課程進行替換，自然是很難成功的。畢竟學習演講課程和玩遊戲滿足的需求是不一樣的。如果用玩樂高來替換玩遊戲，成功率就會高出很多。

第十一節　原則十一：別把努力當成有趣的遊戲

　　你是否覺得完成計畫任務是一件辛苦和枯燥的事情？你是否覺得養成一個習慣是很難的？你是否將努力當成沉重的負擔？

　　如果你是這樣認為的，那麼你的自我提升之路會像你認定的那樣充滿坎坷。當你覺得一件事情很難，做起來很辛苦，你就會對此抗拒，會習慣性地拖延，還會提醒自己事情不順利，你會下意識地期待著挫折的降臨。

　　我在前文中講過影響自我損耗的五大因素：努力程度、感知難度、消極情緒、主觀疲勞和血糖水平。而你對努力和習慣養成的認知則會直接或間接地影響上述五大因素。

　　為什麼做同樣一件事情，有的人能夠很好地堅持下來，有的人卻不行呢？因為從一開始在做這件事情的態度上就已經分出高

下了。你可以觀察自己一下，當你覺得做某件事情很難時，是不是會習慣性地將更多的精力放在害怕和想辦法逃避上？正因為在這種態度下，你的意志力在一開始就被大量浪費，在懶惰和誘惑面前節節敗退也就不足為奇了。

作家丁小雲曾經將遊戲者心態當作徹底治癒拖延症的祕訣。他說：「做一個遊戲者，打破世俗價值觀，特立獨行地忙世人之所閒，閒世人之所忙。」

當然啦，我覺得他所說的這些對於常人來說確實難了點。我覺得擁有遊戲者心態，未必非要挑戰世俗價值觀。只要讓自己的心態變得輕鬆自在就好了，別把努力當成一件「費勁」的事情，更別把自己當成超人，允許自己犯錯和失敗，允許自己有一個進步的過程。在完成計畫時，想方設法地從中找點樂趣。

盡量少用奮鬥、拚搏、拚命等字眼，這些描述會讓自我提升的過程變得很枯燥。你可以把它當成一局遊戲，你的意志力就是遊戲人物的「血值」，你能夠透過睡覺、吃飯、娛樂等方式來「補血」，要想提升遊戲等級，需要你和大腦鬥智鬥勇，用種種對策來「迷惑」它，這樣是不是有趣多了？

第十二節　原則十二：執行中要有儀式感

有人說，生活需要儀式感，可儀式感被很多人忽視，並不是說只有功成名就、願望實現之時你才有資格有儀式感。不管你的經濟條件是好是壞，儀式感都應該融入生活的每一天。這既是對自己的尊重，也是增加生活趣味的小技巧。

在執行計畫的時候也要有儀式感。比如，在一張白紙上寫一份願望清單。將寫好的清單放到床頭櫃上，每天睡覺前和睡醒後讀幾遍。

又比如，每天完成指定的任務時，可以先整理一下自己的辦公桌，作為開始儀式。我寫作時會在書桌上擺一個阿拉丁神燈，寫之前會習慣性地摸摸神燈，然後心裡默唸幾遍「神燈，神燈，給我一些好點子吧！」。

　　但不要掉進為了儀式感而儀式感的陷阱。營造儀式感絕對不代表非要讓你花錢，儀式感的高低也絕對不是拿金錢來衡量的。大多數人都會有喜新厭舊的毛病，忽視自己已經擁有的，覺得沒有得到的東西才是最好的，於是千方百計去尋找去追求，這完全沒必要。你可以從現實取材，每天從自己生活的場景中找到一個值得紀念的事物，用手機給它拍攝一張照片，寫上一些備註。這也是一個給生活營造儀式感的方法。

　　可一些人會覺得，想要擁有儀式感，就必須買一部單眼相機，手機拍攝的照片沒有質感。於是花錢買了一部單眼相機，拍了沒幾天就放到櫃子裡面吃灰了。這就是典型的掉進儀式感的陷阱。

　　現在的年輕人很流行拍攝視頻來記錄自己一天的生活。但你去觀察一下就會發現，視頻同質化相當嚴重，拍早餐生活的，早餐幾乎都是吐司麵包配酪梨、優酪乳麥片粥。難道拍攝視頻部落客的人每天吃的早餐都是這樣的？我看未必，他們更多的還是出於模仿和跟風。

　　我們所刻意營造的儀式感都是對自己的一個個暗示，告訴自己要認真生活，記錄平淡卻並不平凡的瞬間，在很普通常見的事情上花心思，讓它變得有趣。

第十三節　原則十三：凡事順其自然

當我們執行計畫的時候，會本能地關心進展如何，什麼時候完成。

一旦有這樣的想法，就好比游泳時在腰上繫了個鐵塊，是在負重前行。

成就一件事情需要天時地利人和。不是你一個人單打獨鬥就能夠實現的。

我一直覺得，做成一件事，是整個大環境合作的結果。而我們能做的就是完成自己分內的事，少操心能力範圍之外的事情。

這好比我們在參加400公尺接力賽。我們只需要認真地跑自己的這一棒就可以了，跑完後把接力棒交給下一個隊友。如果你什麼都想要管，一直不將接力棒交出去，這樣別說什麼比賽名次

了，完全是犯規，扯了整個隊伍的後腿。

　　我記得上小學時背課文，越著急越背不好，總是卡住。最後我不再著急，睡前複習兩三遍就不管了。第二天竟然背得很熟。

　　有時事急不來，著急只會影響你的正常發揮。與其憂心忡忡，不如順其自然。

　　當我們不斷地將自己力所能及的事情做好時，個人的影響圈也會擴大，處於關注圈的問題自然迎刃而解。

　　所以，做好自己分內的事情吧，剩下的交給時間，時間是不會辜負你的努力的。

第十四節　原則十四：未執行的計畫不告訴身邊人

很多書籍都會鼓勵大家將自己的執行計畫公諸於眾，目的是讓身邊的人監督自己，當自己想要放棄的時候，一想到身邊人會如何看待自己就會狠下心來、咬牙堅持。

可在我看來，這樣的做法並不如想像中效果那麼好，甚至有時候會幫倒忙。

之所以將計畫公開給親朋好友，是為了在日後能夠給自己施壓，當自己放棄時，親朋好友異樣的目光可打消我們的念頭。

可大多數時候親朋好友也許並不在意你所說的計畫，你的雄心壯志他們也只是聽聽而已，並沒有當真。這樣，監督的作用就微乎其微了。況且很多時候就算你沒有完成，親朋好友最多調侃兩句，這種威懾力遠遠不夠，根本無法達到敦促你繼續堅持的效

果。

　　除了以上原因，將計畫公開給親朋好友，還會給自己營造出一種該計畫已經實現了的假象。你可以回想一下，是不是在跟朋友聊自己的理想和目標時，心情會不由自主地變得愉悅和澎湃？那種感覺好像自己真的已經實現了願望一樣。

　　這也是經常張口閉口談理想的人往往是「語言的巨人，行動的矮子」的原因。在高談闊論聊理想時，已經給自己一種願望實現的錯覺，讓別人甚至是自身都覺得自己是個上進的好青年，精神上的愉悅感已經被滿足了，自然會在具體的執行上有所懈怠。所以，我個人並不建議將還未執行的計畫提前告訴身邊的人。

第六章

習慣養成中的五個秘密武器

第一節　「四象限法則」幫你分清做事的主次

　　有的人每天都很忙卻沒有成效，這種忙碌是瞎忙。這種努力也是盲目努力。他們錯在了沒有弄清楚自己當前最重要的事情是什麼，累了半天只是在無足輕重的事情上「轉圈圈」，真正重要的事情卻沒有去做，所以即使很勤奮卻收效甚微。

　　如果沒有根據自己的情況弄清楚努力的重點，必然在執行中會陷入忙亂，一會兒做做這個，一會兒做做那個，白白浪費自己的時間和精力。

　　這時，我們可以借助四象限法則根據自身當前的情況來做一個重要性和緊急程度的評估，搞清楚做事的主次。

　　四象限法則是指將緊急、不緊急、重要、不重要四個標準進行排列組合，分為「緊急和重要」「不緊急但很重要」「緊急但

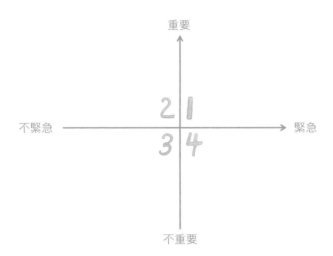

不重要」「不重要也不緊急」四個象限。將自己需要做的內容進行分類，分別放到這四個象限當中。

對於緊急和重要的事情，不要拖延馬上去做，並且要提前準備，盡量地減少這類事情。因為這類事情往往是因為拖延症而造成的。

比如，上個月上司就交代的稿子，你沒有提前準備，明天就要交稿了，這個時候再去做一是心理上有負擔，二是時間緊迫，容易導致工作品質下降。

對於不緊急但很重要的事情，要有計畫地重點去做，這類事情適合制定好計畫，每天按部就班去完成。

比如，你想要透過寫作賺錢，寫稿子發表保持平臺帳號的活

躍度是緊急且重要的，但是，真正影響你寫作賺錢的事情是學習寫作和推廣，提高創作和營運水準。這看似並不緊急，但是相當重要。對於這部分的工作我們要提前制定計畫，每天適量完成，一直堅持，量變積累到一定程度後你會驚訝於質變的效果。

　　緊急但不重要的事情是最具迷惑性的，緊急的事情未必重要，很有可能只是一些無關痛癢的小事情，對你的意義卻並不大，但因為緊急而顯得更為突出。比如，朋友打牌三缺一，讓你趕緊去救場。這事急嗎？當然急，但這件事情的重要性卻微乎其微。

　　不重要也不緊急的事情，比如，朋友應酬聚會、玩遊戲追劇，這些也是放鬆的手段。但是一定要適度。如你喜歡打撲克，一週安排一次放鬆放鬆。如果已經玩過了，第二天第三天朋友還叫你去，這個時候建議推掉。

　　知道了四象限法則的各個概念，就能夠幫助我們將每日執行的策略來一個大升級了。

　　每天首先要做的是第一象限的事情，即先將重要且緊急的事情搞定。可以分析這類事情是屬於不可控的，還是因為自己拖延所導致的。如果是後者，需要提醒自己在日後遇到同類事情，可以使用「０＋１＋Ｎ行動法」，提前開始做，以便盡可能減少這類事情的出現。

　　每天要花更多的時間來完成第二象限的事情，即重要且不緊急的事情。做好執行計畫，每日按量完成。重要且不緊急的事情經過一段時間的積累後，往往會收穫更大的回報。

　　還記得前面所講解的決策疲勞嗎？人們的意志力一般在早上是處於最高峰的，隨著時間的推移開始逐漸下降。既然知曉了這個規律，我們就需要在執行計畫上合理分配自己的意志力。俗話說，「好鋼要用在刀刃上」。做事情也是如此。完成重要且不緊急的事情，可以盡量安排在早上，此時，人的意志力是最強的。

　　第三象限中不重要也不緊急的事情不代表不能做，而是要適量為之，勞逸結合。

　　第四象限中緊急但不重要的事情要少做，在條件允許的情況下可以授權給別人去做，或是彼此分擔，能花錢解決的盡量不要浪費自己的時間，也最好不要將其安排在意志力較強的時間段，避免讓自己在狀態最好的時候埋沒在了日常瑣事當中。

　　一些朋友在具體操作四象限法則的時候，不知道應該如何快速判斷一件事情到底是屬於哪個象限的。

　　其實方法很簡單，面對一件事情，你可以想像如果這件事情沒有完成，對你來說會有什麼害處、後果能否承擔。看某個綜藝節目，如果你不看的話，對你有什麼害處？無非就是少了一次娛樂而已。上司交辦的事項如果沒有完成的話，對你有什麼害處？

上司會對你有壞印象，耽誤整個項目的進度。沒有及時提升工作技能，對你有什麼害處？工作能力降低，競爭力減弱，進而影響自己的職場發展和升職加薪。沒有交電費水費，對你有什麼害處？水和電被停，還要繳滯納金。因此，當你在對待辦事項進行重要性評估的時候，反著想，就知道該往哪個象限填了。

　　四象限法則不僅能夠在制定計畫時使用，幫助你梳理清楚日常執行中的輕重緩急，它還能用於每日的自我反省中。每天晚上睡覺前，利用四象限法則做一個簡單的今日回顧，想一想今天自己都做了哪些事情，分別花費了大約多長時間，這些事情分別處於哪個象限，這樣就能看出今天的你是否秉承著要事第一的原則，將時間和精力都用在了「刀刃」上。

第二節　製作有效習慣的「打分」表格

在執行計畫的過程中，想必很多人都抱怨過自己無從下手、缺乏方向感吧。我在網上分享了養成習慣的經驗後，收穫了大量的讀者回饋，其中一部分讀者有這樣的困擾：「0＋1＋N行動法」的確大大提升了自己的執行力，能夠幫助自己有效地養成習慣。可有的行為即便養成了習慣，卻依舊沒有解決自己生活中的實際問題，這是為什麼呢？

跑步鍛鍊、早睡早起、少玩手機等，這類行為只要你用「0＋1＋N行動法」，就能減少行動阻礙。只要堅持去做，就能慢慢地收到效果。練字、畫畫、寫作、溝通、瑜伽、攝影等，這類行為的技巧性就不僅僅局限於執行策略上了，它們本身就是一些技巧性較強的事情。

　　比如，我要做到堅持每天和家人溝通，可如何做到有效溝通呢？它本身就有很多技巧，並不是你只解決執行和堅持上的問題就可以了。而我們之所以常常感覺無從下手，甚至在已經堅持了一段時間後發現沒有明顯的進步，就是因為忽略了這點。

　　所以，要想養成好的習慣，或是實現某個目標，單純地解決意志力方面的問題還不夠，還要加強任務本身的學習以及提高自己的積極性。

　　就以「拆書」為例。我想養成「拆書」的習慣，不是盲目地堅持去做就可以了。首先要具備這方面的基礎知識，知道「拆書」是什麼，我為什麼應該學會「拆書」，「拆書」對於我來說有什麼用，掌握「拆書」的具體技巧，如RIA閱讀法等。此外還要衡量自己這樣做的積極性，只有我想這樣做才可以。明白了這個道理之後，再去培養一個有效的習慣是不是思路就變得很清晰了？

　　此時，我們可以借助一個打分表格，從基礎知識、技巧及策略、意願程度（即積極性）三個方面來打分。

　　第一步，給自己培養習慣的準備工作打分。

習慣	基礎知識	技巧及策略	意願程度	準備分數
每天拆書				
每天戒糖				
晚上自我反省				

　　每項滿分10分，透過打分就能判斷出，自己想要養成的這幾個習慣在準備工作上是否做到位了。

　　做到位的，可以直接制定執行計畫去實施。沒有做到位的，也可以根據各項的分數來做些準備。

　　第二步，根據分數情況來完善習慣培養中的前期準備工作。

習慣	基礎知識	技巧及策略	意願程度	準備分數
每天戒糖	2分	0分	6分	8分

　　比如，對於每天戒糖這個行為習慣，你自己的準備分數為8分。可以看出，你的準備工作很不充分，除了對戒糖有一定的意願外，對戒糖的知識技巧和行動策略幾乎為零。這樣，就算你使用了「0＋1＋N行動法」，解決了意志力不足的問題，也會因為對戒糖方法的不瞭解而難以將其養成一個有效的習慣，甚至容易事倍功半。

現在，我們需要一邊對戒糖做足功課，一邊繼續「深挖」，盡可能地提高自己的積極性。我們可以透過網路搜尋、看書等形式來多瞭解戒糖。這樣，我們知道了戒糖是指戒掉精製糖，絕對不是指戒掉碳水化合物。盡量少吃添加糖，每日的攝取量控制在25克以下。戒糖不能過於極端，否則既難以堅持又容易出現副作用，影響身體健康。我們可以從少喝果汁飲料，少吃奶油蛋糕、糖果、很甜的優酪乳、果醬等地方做起。

對於行動積極性的提升，可以問自己幾個這樣的問題。

問題一：做了這件事情，在短期內對我有什麼好處？

問題二：做了這件事情，能幫我解決或是減輕現有的哪些難題或是痛苦呢？

問題三：不做這件事情的話，會給我帶來哪些危機？

問題四：做了這件事情，對我有哪些深遠的影響？

問題五：我當前的情況是否適合做這件事情呢？

依舊以戒糖為例。

問題一：做了這件事情，在短期內對我有什麼好處？

回答：透過戒糖，能讓我的皮膚變得更好。還能將每天買飲料和糖果的錢省下來。

　　問題二：做了這件事情，能幫我解決或是減輕現有的哪些難題呢？

　　回答：因為皮膚上總是有很多痘痘，讓我很自卑，透過戒糖，能夠減少我皮膚上的痘痘，給自己的形象加分。

　　問題三：不做這件事情的話，會給我帶來哪些危機？

　　回答：如果不去戒糖，繼續每天喝奶茶、吃奶油蛋糕，長期攝取過多的糖分，會讓我的皮膚長痘痘、起皺紋。除了對皮膚有負面影響以外，還容易發胖，更重要的是會加重身體負擔，危害身體健康。

　　問題四：做了這件事情，對我有哪些深遠的影響？

　　回答：能提高自己在平時抵制誘惑，做事有始有終的自律能力。有利於皮膚和身材管理，有助於身體健康和延緩衰老。能夠給自己的形象加分，讓自己變得更為自信。

　　問題五：我當前的情況是否適合做這件事情呢？

　　回答：適合。戒糖並不會佔用我多少時間和精力，我完全可以正常地工作和休息。

　　準備工作並不是非要做到滿分才可以去執行計畫。可以分割成一個個小目標，一邊學習相關的知識技巧，一邊用「0＋1＋N行動法」付諸行動。

第三節　讓你重獲自信的成功經驗素材庫

　　網上流傳著這樣一句話：「回憶是個好東西，它發生於過去，存活在現在，卻影響著未來。」回憶是對過去經歷的回顧。

　　的確，我們對自身的認知，包括對未來的看法都會受到過去經歷的影響。在我和懶癌奮鬥的這麼多年中，我越發地意識到成

「我一定行！」
「我肯定能成功！」
✗ 口號難以帶來信心

「我曾經成功的⋯⋯」
✓ 信心來源於過去的成功經歷

功經歷的重要性。成功的經歷雖然已經是過去的事情了，但卻依舊能夠給自己帶來信心，而信心則是成就一切事情的基石。

信心並非你空喊幾個口號，大聲地宣布「我一定行，我一定能夠成功」就能獲得的。信心同樣需要在平時生活中一點一滴地積累，需要我們主動地去回憶收集自己在過去的成功經歷。成功的經歷不在於大小，哪怕只是一件很不起眼的事情。你要將它收集起來，積少成多，它們將會在你需要的時候給你釋放出意想不到的信心能量，成為支持你勇於執行、相信自己的力量源泉。

收集的方法十分簡單，每天拿出 5 分鐘的時間回憶過去或最近幾天的經歷，想一想有哪些事情是自己做得不錯的。

曾經的你在會議上的勇敢發言，獲得了上司讚許的眼神？

曾經的你在一次考試中透過自己的努力進入了班級前三名？

曾經的你因為熱愛打籃球，在暑假期間每天都會去運動場上練習打球？

曾經的你因為幫助鄰居修好了電腦，受到了他的讚揚？

⋯⋯⋯⋯⋯

在回憶和收集的過程中，千萬不要自我嫌棄，覺得某件事情根本不值一提。需要再次重申的是，成功的經歷真的不分大小，

只要這件事情是你做的，事情的結果是好的，那麼你就可以將其記錄下來。記錄的方法很隨意，可以用筆寫在日記本上，也可以記錄在手機的記事簿上。

我會將自己的成功經歷當成隨時備用的素材一樣，專門建立一個資料夾用於存放，我還會對成功經歷進行分類，比如學習方面、考試方面、工作方面、人際關係方面、堅持方面等等。並按照類別分別新建子資料夾，這樣做的好處不僅僅是分門別類、便於尋找，還方便「自信心管理」，在需要某方面自信心的時候，可以直接查看自己過去在這方面已有的成功經歷。

舉個例子。我之前在有意識鍛鍊自己堅持能力的時候，會發現自己在這方面的成功經歷特別少，幾乎是沒有的。連點成功經驗都沒有，真的就很難相信自己能夠在接下來的「堅持挑戰」中取得勝利，畢竟，一想到堅持就會自然而然地聯想到過去因為種種原因而選擇放棄的場景。

這時，成功經驗素材庫就派上了用場。我專門新建了一個關於堅持方面的子資料夾，提醒自己開始留意過去和平時生活中自己無意之中慢慢堅持做下來的事情。我想到在自己小學三年級時，爸爸媽媽獎勵給我一雙溜冰鞋，暑假期間，我每天都會去廣場上溜冰。這件事情雖然很小，但也是我堅持做一件事情的經歷啊。我還想到自己一直有寫日記的習慣，雖然每天寫作的字數並

不固定，但每天都會記錄，這也是我一直在堅持做的事情。還有自己從沒有成功拼好一幅拼圖到完全靠自己拼好一幅1000片的拼圖，這件事情對我的激勵很大，讓我知道了原來我也能夠靠自己的努力將一件事情完完整整地做好。就這樣，我原本以為過去的自己真的沒有一點堅持的成功經歷，沒想到在回想之後還真發現不少。

當然，這還遠遠不夠。為了獲得更多自己在堅持方面的成功經驗素材，我開始有意識地去做一些很小的事情，比如每天早上堅持喝一杯白開水、每天晚上堅持冥想五分鐘、每天工作前認真擦拭自己的辦公桌等等。雖然這些事情都很小，但過去的我還真沒有將其養成習慣。在有意為之後，我發現原來堅持並沒有想像的那麼難。而這些小事情也被我通通記錄在了我的成功經驗素材庫中。

正是這點點滴滴的成功經驗，讓我對自己的堅持有了越來越多的自信心，而這也為我打敗懶癌，變得越來越自律提供了不少幫助。在此我強烈建議大家給自己建立一個類似的成功經驗素材庫，它會是你重建信心、增強自信的好幫手！

第四節　執行過程中的「免死金牌」

　　我小時候看電視劇《還珠格格》，特別喜歡皇上賜給小燕子和紫薇的免死金牌，覺得太酷了，有時候用免死金牌就能救自己一命。殊不知，我們在習慣養成的過程中也需要給自己頒發這樣的「免死金牌」。

　　很多人對習慣養成有著錯誤的認知，即他們覺得堅持一件事情不能中斷，如果中斷就代表失敗了。但事實並非如此。在堅持的過程中，出現一兩次中斷並不會對習慣的養成造成破壞。

　　在將某個行為養成習慣時，出現中斷和反覆是很正常的事情。當然，這也並不代表我鼓勵大家去中斷和放棄，不過是想告訴大家不要因為自己在執行過程中的某次失誤和放棄就全盤否定自己，將之前的所有付出全部清零。

　　我們在學習唯物辯證法時就知道，「新事物在戰勝舊事物時並不是一帆風順的，事物發展是前進性和曲折性的統一，事物發展的方向是前進的、上升的，道路卻是曲折的、迂迴的。」

　　新的習慣代替舊的習慣也是如此。在一開始刻意培養的行為還是很弱小的，它面臨的是舊有習慣的力量強大的抵抗，在一點點重複和堅持的過程中，新行為的力量在一點點地累積，即便如此，出現暫時的放棄、後退也是正常的。

　　當你明白了這些道理之後，就應該知道我為什麼鼓勵大家在習慣養成、自律培養過程中給自己頒發「免死金牌」了。

　　在第一章中我就講解過完美主義是導致我們自律性差和拖延症的主要原因之一。在完美主義者看來，一次失敗經歷就能導致滿盤皆輸。他們不能接受自己的失誤，一旦出現自己不滿意的情況就會將整個計畫全盤否定，然後又退回去企圖制定真正適合自己的計畫。於是在這樣一次次循環中，對自我的評價會變得越來越低。

　　設置「免死金牌」，就是讓我們勇敢地接受自己執行過程中的不完美，接受自己失誤的事實，然後給自己改正的機會。

　　當然，這也並不是無原則的自我原諒。你可以允許自己一週有一次失誤的機會，這樣算下來，每月就有四個「免死金牌」。當自己出於種種原因屈服於誘惑，沒能按照計畫完成任務時，即

可使用一次「免死金牌」的特權，原諒自己。

　　我發現，有的朋友之所以制定十分嚴格的規定是害怕給自己留後路，他們認為有了後路後自己就會有懈怠的藉口，他們無法選擇自我原諒是因為害怕放縱自己，日後越發懈怠。

　　可是，與其制定一個自己根本無法完成的計畫、遵守不了的規定，倒不如用一個更為開放和寬容的心態來接納自己。只有允許自己犯錯，才能讓自己敢於付諸行動，不去逃避和拖延。

第五節　計畫執行拼圖

在前面，我們將計畫大致分為兩類：一類是將某個行為養成習慣。比如每天跑步、練字、寫作、看書等，這類往往沒有截止日期，我們希望將這些行為無限期地堅持下去。關於這類行為的執行情況追蹤，使用我之前提到的目標計畫進展表就可以了。另一類就是有著明確的截止日期，該目標計畫包含著不同的行動步驟，比如一年內存到10萬元的旅遊資金、寫一篇書評、複習並參加某個考試等等。對於這一類計畫，我們可以使用計畫執行拼圖來記錄執行的進展。

第一步：將目標計畫形象化並用一幅圖來說明

例如，你想要存10萬元帶爸媽出國旅遊。這個時候可以將這個目標用一個圖形或是一幅畫來表示，比如，我用下面的這一

張手繪圖來表示。圖片可以是設想自己實現目標後的場景，也可以是形象化後的步驟圖。

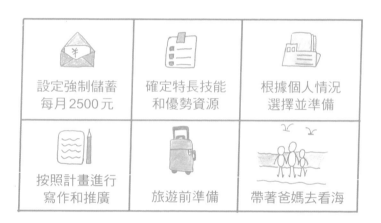

設定強制儲蓄 每月2500元	確定特長技能 和優勢資源	根據個人情況 選擇並準備
按照計畫進行 寫作和推廣	旅遊前準備	帶著爸媽去看海

　　當然，你也不一定非要自己去畫，可以上網下載或是用自己的手機拍攝一張圖片。

第二步：給這個目標計畫進行細分，分解成具體的步驟

　　在前文中我們將「存10萬元錢帶爸媽去國外旅遊」這個目標分成了六個步驟。步驟有幾個就將之前確定好的圖片分為幾部分，當然了，為了提高趣味性，還可以將步驟分解得更為細緻，這樣模組更多，執行起來更有趣。然後使用圖片編輯軟體在圖片上註明每個步驟內容、截止時間等等。

　　分割圖片可以隨意一些，不一定非要用直線來劃分。

第三步：列印圖片

　　將編輯好的圖片列印在白紙或是相紙上，然後沿著之前確定好的分界線將模組一個個剪下來。這樣我們就做成了一幅好看的計畫執行拼圖。

　　每完成一個步驟，就可以拿出相應的模組，將模組黏在白紙上，也可以夾在日記本中。透過拼拼圖的方式就能夠將我們計畫的執行情況一目了然地展示出來，這樣不僅十分有趣，還能整體把握執行進度，避免自己掉入「時間還很充裕」的感知陷阱中。

最高自律力：養成自律,從來都不靠硬撐/time剛剛好作. -- 初
版. -- 臺北市 ： 春天出版國際文化有限公司, 2023.05
　　面 ； 公分. -- (Progress ； 26)
ISBN 978-957-741-684-1(平裝)
1.CST: 生活指導　　2.CST: 成功法

177.2　　　　　　　　　　　　　　　　112005388

最高自律力
養成自律，從來都不靠硬撐

Progress 26

作　　　者◎time剛剛好	總　經　銷◎楨德圖書事業有限公司
總　編　輯◎莊宜勳	地　　　址◎新北市新店區中興路2段196號8樓
主　　　編◎鍾靈	電　　　話◎02-8919-3186
出　版　者◎春天出版國際文化有限公司	傳　　　真◎02-8914-5524
地　　　址◎台北市大安區忠孝東路4段303號4樓之1	香港總代理◎一代匯集
電　　　話◎02-7733-4070	地　　　址◎九龍旺角塘尾道64號 龍駒企業大廈10 B&D室
傳　　　真◎02-7733-4069	電　　　話◎852-2783-8102
E－mail◎frank.spring@msa.hinet.net	傳　　　真◎852-2396-0050
網　　　址◎http://www.bookspring.com.tw	
部　落　格◎http://blog.pixnet.net/bookspring	
郵政帳號◎19705538	
戶　　　名◎春天出版國際文化有限公司	
法律顧問◎蕭顯忠律師事務所	版權所有·翻印必究
出版日期◎二〇二三年五月初版	本書如有缺頁破損，敬請寄回更換，謝謝。
二〇二四年五月初版八刷	ISBN 978-957-741-684-1
定　　　價◎420元	